Crise d'ado
mode d'emploi

Véronique Guérin, psychosociologue

Préface Serge Tisseron

Crise d'ado

mode d'emploi

SOLAR SANTÉ

Je dédie cet ouvrage à mes enfants Thibault et Héloïse
et à tous les adolescents qui explorent avec courage
et sensibilité ce qu'ils sont et ce qu'ils souhaitent
devenir dans le monde de demain.

Je dédie également cet ouvrage à tous les parents
qui accompagnent leurs adolescents
du mieux qu'ils le peuvent.

Sommaire

PRÉFACE

Nos ados, ces ambassadeurs du nouveau monde

Il ne se passe pas de semaine sans que les médias nous alertent sur des actes répréhensibles, dangereux ou inconscients commis par des adolescents. Cette pollution permanente de nos esprits par des situations bien réelles, mais heureusement marginales, peut hélas finir par déformer durablement la représentation que nous avons du monde en général, et de nos enfants en particulier. Si vous êtes « contaminés » par cette peur des adolescents, précipitez-vous sur le livre de Véronique Guérin. Ses « 50 clés pour maintenir le dialogue » sont un vrai antidote à la manière dont notre société jette un regard communément suspicieux sur sa jeunesse. Il faut dire que le monde a changé si vite que beaucoup de parents peinent à reconnaître dans leurs ados d'aujourd'hui l'adolescent qu'ils ont été eux-mêmes hier. Et la surenchère faite autour des bouleversements qui seraient induits par les technologies numériques n'a fait qu'aggraver ce divorce.

Mais Véronique Guérin nous rappelle fort opportunément que le cerveau des adolescents d'aujourd'hui reste le même que celui des adolescents d'hier. Bien sûr, ils ont à leur disposition de nouveaux outils, mais les affres de l'adolescence restent ce qu'elles ont toujours été : l'angoisse face à des bouleversements corporels et émotionnels auxquels rien ne pouvait préparer l'enfant, une crise de confiance dans ses propres possibilités, y compris celle de trouver une personne attentive à soi, le désir envahissant de se rapprocher des autres et la peur panique que ce rapprochement ne « tue » son autonomie. Pour faire face aux difficultés relationnelles qui en résultent, Véronique Guérin nous rappelle d'abord que la confiance en soi de l'adolescent se construit toujours dans une relation d'affection mutuelle et partagée, qui reconnaît à chacun sa spécificité, ses choix et le droit de les essayer dans un monde en perpétuel changement. Et alors que de nombreux parents ont tendance à tout miser sur les résultats scolaires, elle souligne que si ceux-ci sont importants, il faut éviter de tout y réduire. Garder confiance dans la capacité de son adolescent à trouver des chemins de traverse pour se rapprocher de ce qu'il aimerait devenir témoigne aussi de notre propre capacité à faire face à l'imprévisible et à nous faire confiance.

Les jeunes, une récente étude l'a montré[1], restent plus tolérants aux différences que leurs aînés, mais ils le sont aussi un peu moins que ceux de la génération précédente. Beaucoup de causes, bien entendu, y contribuent, à commencer par le chômage et la précarité. Mais n'oublions pas non plus que ceux qui se sentent dépréciés, et mal reconnus dans leur valeur, ont volontiers tendance à reporter ce jugement sur d'autres en les stigmatisant à leur tour. L'intolérance subie rend intolérant. Or beaucoup trop de jeunes souffrent aujourd'hui d'un jugement dépréciatif sur leurs activités et leurs goûts. En cela, le

1. Enquête « Génération quoi ? », lancée en octobre 2013 par le groupe France Télévisions, la société de production audiovisuelle Yami 2 et le concepteur Web Upian.

livre de Véronique Guérin n'a pas seulement une portée éducative. En invitant les parents à porter un regard différent sur leurs ados, elle contribue à réduire le risque qu'un nombre croissant d'entre eux ne soit tenté par des positions stigmatisantes vis-à-vis d'autres groupes.
Enfin, si Véronique Guérin insiste à juste titre sur tout ce que les parents peuvent apporter à leur adolescent, elle ne sous-estime pas non plus tout ce qu'un adolescent peut apporter à ses parents : la découverte d'une adolescence différente de celle qu'ils ont vécue eux-mêmes hier, mais également des clés de compréhension de ce monde nouveau dans lequel eux-mêmes sont amenés à évoluer. Bref, à tous ceux qui « rament » d'avoir un ado à la maison et maudissent le ciel de tout ce qu'il leur fait subir, Véronique Guérin montre que le mieux est de profiter ensemble de ce moment.
Oui, les parents qui ont un ado à la maison ont une chance qu'ils ignorent trop souvent : ils ont non seulement sous leur toit un technicien familial des technologies numériques auquel ils devraient demander plus souvent conseil, mais aussi, bien souvent, un ambassadeur éclairé du nouveau monde.

Serge Tisseron
Psychiatre et psychologue,
chercheur associé HDR à l'université Paris-VII
http://www.sergetisseron.com

INTRODUCTION

Si vous avez ce livre entre les mains, c'est sans doute que vous êtes parents d'un ou de plusieurs adolescents et que vous vivez déjà les secousses de l'adolescence, tout comme la difficulté de maintenir une relation harmonieuse et un dialogue constructif avec eux. Bref, vous vous interrogez sur la manière d'accompagner les adolescents vers leur vie d'adultes.

Les adolescents traversent une zone de turbulences physique, émotionnelle et intellectuelle. Tournés vers l'avenir, ils ont besoin de trouver la force et le courage de s'extirper du cocon sécurisant de leur enfance où leurs parents et les adultes en général étaient leurs repères principaux. Leur désir de grandir s'exprime de façon souvent imprévisible et maladroite : ils deviennent parfois agressifs ou se murent dans le silence. Ils veulent que leurs parents soient proches et discrets, disponibles mais pas intrusifs, soucieux de ce qu'ils vivent sans être toutefois inquiets… Ils sont bien sûr ambivalents, car on ne sort pas de l'enfance en un jour, et la traversée de l'adolescence n'est ni linéaire ni paisible. Elle est faite d'allers-retours, de périodes d'enthousiasme qui alternent avec des périodes de doute, de besoins d'affection et de réconfort suivis de désirs d'autonomie et de liberté qui les poussent à rejeter toute contrainte et tout conseil. Pas facile pour les parents de rester sereins, centrés et aimants face à ses à-coups souvent déroutants.

Parents, vous avez le désir d'accompagner votre adolescent de la façon la plus adaptée possible parce que vous l'aimez et que vous souhaitez qu'il soit heureux, équilibré et qu'il trace le chemin qui est le plus juste pour lui. Cet ouvrage va vous aider à mieux comprendre ce qui se passe dans son corps, dans son cœur et dans sa tête, mais également ce que vous traversez vous-même à cause ou grâce à lui ! En grandissant, votre ado vous invite à changer de place, à vous remettre en question. Vous allez prendre conscience de vos ressources et de votre capacité à tenir le cap, mais aussi de votre vulnérabilité et de vos doutes. Les conflits et tensions que vous ne manquerez pas de rencontrer ne sont pas juste de mauvais moments à passer. Ils peuvent être parfois douloureux ou éprouvants, mais ils sont aussi le moteur de l'évolution de la relation que vous entretenez avec votre ado.

Tel est l'objectif de cet ouvrage : vous réconcilier avec l'adolescence et surtout renforcer votre capacité à accompagner votre ado dans son passage vers l'âge adulte. Bref, avoir confiance en ses propres ressources et en vous-même ! L'adolescence a de multiples aspects et cet ouvrage vous permettra de mieux en saisir la richesse. Nous vous proposons d'en découvrir la complexité au travers de sept aspects différents et complémentaires :

1. Votre propre représentation de l'adolescence et la découverte de l'adolescence comme une expérience qui peut être passionnante à vivre et à accompagner.
2. La confiance en soi, le combustible essentiel de l'adolescent pour trouver la force de s'aimer et de grandir.
3. Le climat familial, terreau de la construction de l'adolescent et lieu d'expérimentation des relations respectueuses et bienveillantes.
4. L'autorité éducative qui sécurise sans étouffer et impose progressivement moins de règles, permettant à l'adolescent de se frotter à l'exercice de la liberté et de la responsabilité.
5. La prévention et la gestion des conflits au quotidien.

6. La question du devenir personnel de votre ado et de l'avenir du monde.
7. Enfin, la dimension collective de la nouvelle génération d'ados qui va au-delà de la personnalité de votre enfant.

En ouvrant ainsi votre compréhension, votre regard et votre sensibilité à l'adolescence, vous trouverez des clés pour vivre plus sereinement cette période, de la confiance même quand le bateau prend l'eau, de la joie et de la fierté pour traverser cette zone de conflits sans perdre le lien profond qui vous relie à votre ado. La curiosité dont vous ferez preuve et votre façon de changer et d'explorer des attitudes nouvelles envers lui seront une grande preuve d'amour à son égard, un beau cadeau que vous lui ferez.

Note de l'auteur

Afin d'équilibrer la présence du féminin et du masculin dans les exemples donnés au fil des pages et d'éviter d'employer systématiquement le mot « adolescent », vous trouverez aussi le recours aux pronoms « il » ou « elle ». Mais tous les propos de cet ouvrage concernent aussi bien les garçons que les filles.

CHAPITRE 1

L'adolescence : un passage passionnant et périlleux

L'adolescence, une notion « connotée » qui renvoie aux souvenirs de sa propre adolescence. Des souvenirs tumultueux, parfois joyeux, parfois douloureux... Vous, parents, peut-être vous arrive-t-il souvent de déclencher une forme de compassion chez ceux à qui vous dites : « J'ai un préado ou un ado à la maison ! ». Comme si vous alliez nécessairement vivre des années de tensions, de conflits, voire de violence pendant ce passage obligé, cette crise incontournable de l'adolescence ! Vous voilà partis comme au combat pour tenir envers et contre tout, angoissés par la perspective que votre ado puisse devenir insolent, se droguer, prendre des risques démesurés, décrocher de ses études... Autrement dit, se laisser embarquer dans les montagnes russes de l'adolescence sans que jamais ne revienne la sérénité.

Et si vous changiez votre regard sur l'adolescence ? Si l'adolescence n'était pas nécessairement « une galère », mais au contraire une époque passionnante à vivre et à accompagner ?

1. Test : Quelle est votre vision de l'adolescence ?

Le regard que les parents portent sur l'adolescence est influencé par leur propre vécu d'adolescents, la culture dans laquelle ils évoluent, leurs rencontres avec d'autres adolescents, mais aussi l'image qu'en donnent les médias. En répondant à ces quelques questions, vous pourrez clarifier votre vision de l'adolescence.

Quand vous repensez à votre propre adolescence...
A. Vous avez surtout des souvenirs de liberté, de rires, d'amusement.
B. Vous avez une sensation de solitude et de mal-être.
C. Vous n'avez pas vraiment de souvenirs.

Vous voyez des adolescents dans un jardin public en train de boire de la bière et de rire aux éclats...
A. Vous souriez de leur insouciance.
B. Vous pensez : « Elle est belle la jeunesse d'aujourd'hui ! »
C. Vous n'y prêtez guère attention.

Vous regardez un reportage à la télé sur les ados et Facebook, vous pensez...
A. Quelle chance ils ont de pouvoir communiquer avec le monde entier...
B. Quelle perte de temps !
C. Vous ne vous intéressez pas à ce genre de reportage.

Votre fille de 15 ans rentre du collège, le visage fermé en marmonnant « Bonsoir » du bout des lèvres, vous vous dites...
A. Je dois être présent quand ma fille traverse ces moments difficiles.
B. On va encore avoir droit à une soirée orageuse !

C. Vous ne le remarquez pas et lui répondez : « Bonsoir, ma chérie ».

Vous demandez à votre ado de ranger ses affaires. Il s'énerve et claque la porte de sa chambre...

A. Vous laissez redescendre la tension et en reparlez plus tard avec lui.

B. Vous vous dites : « Vivement qu'il parte de la maison ! »

C. Vous évitez en général de vous retrouver dans ce genre de situation.

Si vous avez une majorité de A

Vous abordez l'adolescence avec sérénité comme une étape passionnante du développement de votre enfant. Vous êtes curieux de la manière dont cela va se passer et prêt à l'accompagner dans la construction de son identité. Préparez-vous cependant à ce que votre adolescent se confronte à vous... et parfois à vous retrouver blessé ou démuni devant ses réactions.

Si vous avez une majorité de B

Votre vision de l'adolescence est plutôt pessimiste et négative. Vous l'abordez avec un peu de crainte et de crispation. Votre vision et vos jugements risquent d'alimenter les tensions. Prenez de la distance avec les comportements de votre adolescent et soyez curieux de sa vision du monde et de ce qu'il vit.

Si vous avez une majorité de C

Vous commencez seulement à vous intéresser à votre adolescent et à vous sentir concerné. Vous n'avez pas trop d'avis sur le sujet et n'avez sans doute pas eu besoin jusqu'à présent de vous en préoccuper. Si vous avez ce livre entre les mains, c'est sans doute que c'est le bon moment pour vous de réfléchir à cette question et de mieux communiquer avec votre ado.

2. L'adolescence, un passage initiatique

Étymologiquement, le terme « adolescence » provient du latin *adolescere*, qui signifie « en train de grandir », alors que le terme *adultus* est un participe passé qui exprime le fait d'avoir fini de grandir. L'adolescence est donc un mouvement qui fait passer de l'enfance à l'âge adulte, sans possibilité de retour. Cette évolution est d'abord le fruit d'une transformation physiologique qu'on appelle « puberté ».

Puberté et âge ingrat

Le mot « **puberté** » vient du latin *puber* qui signifie « se couvrir de poils »... La puberté signe la fin de l'enfance et apparaît en moyenne vers 12-13 ans pour se poursuivre jusqu'à 17-18 ans. L'adolescent vit une transformation physiologique et hormonale profonde par laquelle le corps atteint sa maturité sexuelle. Qu'il le veuille ou non, son corps le sort irrémédiablement de l'enfance et les poils qui poussent sur son pubis en sont l'expression première ! La dimension sexuelle est très présente : on ne le reconnaît plus et il ne se reconnaît plus... La transformation physiologique qui met l'adolescent en effervescence est aussi la première cause de ses variations émotionnelles et comportementales : fatigue, surexcitation et prises de risques, pudeur et repli sur soi, tristesse et découragement, allergie à la frustration et grosses colères...
Dans notre société, l'adolescence va bien au-delà du temps de la puberté car il faudra encore plusieurs années

pour que l'adolescent acquière son autonomie d'action. Cette étape se terminera lorsqu'il sera socialement et émotionnellement mûr et qu'il possèdera l'expérience et la motivation nécessaires à la réalisation de son rôle d'adulte.

Vous voilà donc parti pour accompagner votre adolescent durant quelques années. Cette transition est, pour lui, un voyage en pleine mer. Il quitte le port rassurant de l'enfance et part pour un périple dont il ne connaît pas la destination. L'envie vous prendra parfois de le retenir au port pour lui éviter (et vous éviter !) la houle qui sévit dehors. Ou encore de le pousser hors du port trop tôt, trop vite, ou brutalement par ras-le-bol de ses soubresauts... Patience et confiance seront des qualités à développer pour ce voyage !

Attitude-clé

Développez votre capacité à accompagner l'adolescent au rythme qui est le sien, sans retenir le mouvement ni le précipiter.

3. Votre ado ne s'oppose pas, il s'extirpe de l'enfance

Les scènes de tensions familiales sont déjà présentes avec les enfants, mais à l'adolescence elles peuvent prendre plus de force et d'intensité. C'est pourquoi, on associe souvent adolescence avec opposition. En voici un exemple à travers une petite scène ordinaire d'une famille ordinaire.

Les tensions s'intensifient entre parents et ados

– *Nathan, arrête ton jeu et viens manger.*
– *C'est bon, j'arrive.*
– *Nathan, ça suffit, on est à table !*
– *Je finis...*
– *Tu te moques de moi ? Ça fait un quart d'heure maintenant. Tu viens ou plus d'écran !*
– *Oh, calme-toi ! T'es stressé en ce moment... Qu'est-ce qu'il y a à manger ? Ça a l'air bizarre.*
– *Si ça ne te plaît pas, ne mange pas... mais je ne vais pas supporter tes critiques plus longtemps, alors que tu ne fais rien dans cette maison !*
– *Ok, je ne mange pas !* (la porte claque...)

Variante : votre fils reste là, sans dire un mot pendant tout le repas.

Pourtant, l'adolescent ne s'oppose pas par nature, il est simplement en train de grandir. Rappelez-vous son enjeu : **sortir de l'enfance pour devenir adulte**. Il a besoin de sentir que son espace de liberté s'agrandit, de faire ses propres choix. Il supporte mal qu'on lui donne des ordres, qu'on lui pose des limites, parce que cela lui donne justement l'impression qu'on l'empêche de grandir. Il veut comprendre pourquoi vous l'obligez ou lui interdisez de faire certaines choses, il argumente et négocie. Il veut prendre part aux décisions qui le concernent, voire même décider tout seul. Il ne transgresse pas pour le plaisir de transgresser, comme on le croit souvent, mais parce qu'il veut devenir « maître de sa vie » !

L'adolescent s'affirme... comme il le peut

Dans les familles (ou les établissements scolaires) dans lesquelles les adultes n'arrivent pas ou ne veulent pas lâcher doucement la bride pour que l'adolescent puisse faire progressivement ses proches choix, la tension monte nécessairement. L'adolescent se sent pris entre deux feux : d'une part, les transformations de son corps qui le poussent, de gré ou de force, hors de l'enfance ; d'autre part, son environnement qui devient trop étroit. Il est alors confronté à trois réactions possibles lorsqu'il se sent « coincé » et frustré :

- **Le conflit ouvert** : pour grandir envers et contre tout, il s'oppose, laisse exploser sa colère et se rebelle contre l'autorité.
- **Le mensonge et la manipulation** : pour éviter de payer le prix d'un conflit ouvert, il cherche à faire ce qu'il veut en cachette.
- **La résignation** : pour garder la sécurité et avoir la paix, il laisse tomber ses rêves, ses idées, ses désirs...

Chacune de ses réactions a des conséquences :

- **Le conflit ouvert** est souvent porteur de violences verbales et physiques et amène à des ruptures brutales et douloureuses pour les parents comme pour les adolescents.
- **Le mensonge** appauvrit la relation et est une source de méfiance.
- Enfin, **la résignation** freine ou arrête le processus d'affirmation de soi et conduit à la tristesse, la dépression, voire la maladie.

L'adolescent s'affirme de façon balbutiante et maladroite, parfois avec véhémence. Il a besoin que ses parents l'aident à s'affirmer non pas contre eux, mais *en relation* avec eux. C'est la quatrième réaction possible qu'on appelle « **l'assertivité** » et qui s'apprend, comme on apprend à lire ou à écrire. Elle s'acquiert d'autant plus facilement au contact d'adultes qui s'affirment de façon claire, directe, sans manipuler ni démissionner.

Attitude-clé

Gardez en tête que si votre adolescent s'énerve, vous ment ou se mure dans le silence, ce n'est pas *contre* vous, mais parce qu'il est aux prises avec ses désirs, ses peurs, ses frustrations. Tentez de rester calme sans vous laisser embarquer dans ses turbulences. Ainsi, vous aurez plus de chance de comprendre son point de vue et de lui parler sans le blesser.

4. Tourné vers le futur, votre ado se différencie de vous

Votre adolescent sera un adulte dans la société de demain, un monde que ni lui ni vous ne connaissez encore. Jusqu'aux années 70, les changements importants qui concernaient aussi bien les valeurs que les comportements ou la technologie se produisaient à l'échelle d'une génération, ce qui permettait aux parents de transmettre leur expérience et leurs compétences plus aisément. Aujourd'hui, l'évolution n'est pas seulement rapide, elle est permanente. Un jeune de 35 ans a déjà vécu trois fois la vie de son grand-père (il a en moyenne changé trois fois de compagne, de travail, de domicile...). Vos repères d'hier sont de peu d'intérêt pour les ados, d'autant plus qu'ils voient bien que vous êtes déjà un peu (ou beaucoup) dépassé par la technologie. Ce sont eux qui vous aident à « débugger » votre ordinateur plutôt que l'inverse... Cette accélération du changement rend moins aisées les tentatives des parents pour faire en sorte que leurs ados aient les mêmes valeurs qu'eux, le même métier, les mêmes choix de vie...

Qu'allez-vous lui transmettre ?

Si vos solutions et vos conseils issus du passé ne sont plus d'actualité, que faire ? Comment accompagner votre adolescent dans un endroit qui n'existe pas encore et dans lequel vous n'êtes jamais allé ? À cette question qui peut s'avérer angoissante, la réponse d'un magnifique texte de Khalil Gibran, poète libanais, dans son ouvrage *Le prophète* :

« Vos enfants ne sont pas vos enfants.
Ils sont les fils et les filles de l'appel de la Vie à elle-même.
Ils viennent à travers vous mais non de vous.
Et, bien qu'ils soient avec vous, ils ne vous appartiennent pas.
Vous pouvez leur donner votre amour mais non point vos pensées,
Car ils ont leurs propres pensées.
Vous pouvez accueillir leurs corps mais pas leurs âmes,
Car leurs âmes habitent la maison de demain, que vous ne pouvez visiter, pas même dans vos rêves.
Vous pouvez vous efforcer d'être comme eux,
mais ne tentez pas de les faire comme vous.
Car la vie ne va pas en arrière, ni ne s'attarde avec hier.
Vous êtes les arcs par qui vos enfants, comme des flèches vivantes, sont projetés. »
L'Archer voit le but sur le chemin de l'infini,
Et Il vous tend de Sa puissance pour que Ses flèches puissent voler vite et loin.
Que votre tension, par la main de l'Archer, soit pour la joie,
Car de même qu'Il aime la flèche qui vole, Il aime l'arc qui est stable.

Il ne s'agit donc pas de retenir votre adolescent vers le passé mais de l'aider à développer sa propre boussole pour apprendre à naviguer dans un monde en perpétuelle évolution. L'adolescent a besoin pour cela, de se connaître, de s'aimer, et d'avoir confiance dans ses propres ressources, confiance dans les autres et dans le monde. C'est ainsi que votre adolescent et ses pairs pourront, non pas reproduire ce que vous avez déjà fait, mais aller plus loin sur le chemin tracé par les générations précédentes.

Attitude-clé

Ayez confiance que vous pouvez accompagner votre adolescent vers un futur que ni lui ni vous ne connaissez. Pour soutenir la construction de son identité, votre regard bienveillant et votre amour sont plus importants que vos solutions issues du passé.

5. Votre ado est plus avide de liberté que de responsabilité

L'adolescent voit son corps se transformer, tout comme celui de ses ami(e)s embarqué(e)s les un(e)s après les autres dans cette aventure de l'adolescence. Il ne voudrait pas rester sur le quai, coincé dans le port de l'enfance ! Il sent le souffle des grands espaces et l'ivresse de la liberté. Le temps est venu pour lui de se positionner face à ses parents et de faire ses propres choix : son orientation scolaire, ses activités, ses ami(e)s au collège, au lycée et sur Facebook, ses amours et sa sexualité, son style vestimentaire… « Laissez-moi, je fais ce que je veux quand je veux. C'est ma vie, c'est mon corps », vous lance-t-il parfois. Il cherche à se libérer de votre contrôle pour explorer la **liberté**, cette faculté d'agir par soi-même sans être entravé par le pouvoir d'autrui.

L'apprentissage de la liberté

Cette impulsion de liberté est essentielle car elle pousse l'adolescent à expérimenter ses propres choix et leurs conséquences. Il ne s'agit donc pas d'empêcher cet élan de vie en gardant, envers et contre tout, le contrôle sur l'adolescent mais **en ouvrant progressivement la porte vers sa liberté**. Trop de liberté trop vite, et l'adolescent perd pied et se met en danger. Trop de contrôle trop longtemps, et le voici qui trépigne et se rebelle…
La liberté s'apprend, et, comme dans tout apprentissage, l'adolescent fera parfois des choix dont il n'aura pas mesuré les conséquences. **La liberté n'est pas « Je**

fais ce que je veux quand je veux » mais « Je prends la responsabilité de mes choix ». La liberté se conjugue avec la responsabilité. Ce sont deux leviers qui fonctionnent ensemble : si l'adolescent veut plus de liberté, il lui faut intégrer la responsabilité que cela implique et faire l'expérience des conséquences de ses choix. Ces conséquences peuvent être physiques (maladie, blessure...), relationnelles (augmentation ou diminution de la confiance en soi et dans les autres) ou en lien avec les règles (restriction ou élargissement de la liberté). En voici quelques exemples.

Expérimentation de la liberté	Expérimentation de la responsabilité	Conséquence
Elle a invité des amis à la maison en soirée et s'est engagée sur une heure limite et la propreté de la maison.	Elle briefe ses amis concernant les règles du jeu et tout le monde participe au rangement. Quand vous rentrez, la maison est propre.	Vous êtes prêt à lui prêter la maison pour une prochaine fête.
Elle boit de l'alcool lors d'une fête.	Elle boit plus que son corps ne peut le supporter.	Elle vomit toute la nuit et passe le dimanche à récupérer. Inutile de la sanctionner vu son état.
Il veut gérer son temps seul : heures du coucher, sorties, études.	À plusieurs reprises, il arrive en retard au lycée et ses notes baissent.	Vous limitez les sorties et lui imposez une heure à laquelle il doit se coucher.

Les règles que vous posez sont spécifiques à chaque adolescent et à son environnement. Elles sont valables pendant un certain temps, car elles correspondent à l'âge physique de l'adolescent et à sa maturité, et elles sont, de fait, amenées à évoluer au fur et à mesure qu'il grandit. Votre intention est qu'à 18 ans, il se soit suffisamment frotté aux règles pour les avoir intériorisées et être à même de mener sa vie avec sa boussole intérieure.

Attitude-clé

Ne vous culpabilisez pas ou ne culpabilisez pas l'adolescent lorsqu'il évalue mal les conséquences de ses choix, car la culpabilité est tournée vers le passé et empêche de grandir. Il fait de son mieux et vous aussi. Aidez-le à voir sans jugement les conséquences de ses actes pour que cette expérience lui permette de se comporter de façon plus responsable à la prochaine occasion.

6. Votre ado sait beaucoup de choses... et en même temps pas grand-chose

C'est un paradoxe : la génération actuelle a accès, grâce à Internet, à l'ensemble des connaissances de l'Humanité. C'est une révolution incroyable car elle permet à chacun d'accéder sans censure à des informations, partielles et subjectives certes, mais à partir desquelles, il peut se faire sa propre opinion.
Vos opinions sur des sujets qui le concernent (les dangers des drogues, l'importance des études...) ne sont qu'un point de vue parmi tant d'autres, vos affirmations ne sont plus crues sur parole (« Mon papa, il a dit que... ») et peuvent être vérifiées. Votre ado participe même parfois à des sites « wiki » (comme Wikipedia, l'encyclopédie collaborative) qui lui permettent d'ajouter, de préciser, de modifier des connaissances pour élaborer avec d'autres un savoir plus large, complet et évolutif... C'est dire !

Il a davantage besoin de votre sérénité que de votre savoir

Alors, que pouvez-vous lui transmettre et quoi lui dire dans ce monde où les connaissances et les mentalités évoluent si vite que votre savoir et votre expérience semblent périmés ?
Ce que vous avez et qu'il n'a pas, c'est la sérénité liée à votre âge : vous avez vécu la peur, la tristesse, la joie, la colère, l'amour lors de vos succès et échecs, de vos rencontres et séparations, de vos aventures et deuils. Vous avez appris de ces expériences et vous continuez

d'apprendre (par exemple en étant parent d'un adolescent...). Votre ado a besoin, pour devenir un adulte serein, de deux éléments essentiels que vous pouvez lui transmettre :

- **La capacité à faire ses propres choix**, en filtrant et en triant les informations qu'il reçoit (« qui dit quoi et dans quelle intention ? »), à interroger ses propres opinions et à faire confiance à ses propres expériences. Pour cela, il a besoin d'adultes qui se questionnent et lui posent des questions afin de démêler ensemble le vrai du faux.
- **L'estime de lui-même**, quels que soient ses choix, à travers votre regard bienveillant et vos encouragements.

Ne vous y méprenez pas, derrière ses soupirs d'exaspération face à vos conseils et vos questions, derrière ses silences boudeurs et ses accès d'énervement, il reste très sensible au regard que vous portez sur lui. Vos critiques l'affectent et le découragent, tandis que votre écoute et le partage bienveillant de votre point de vue le soutiennent dans sa construction.

Attitude-clé

Ne lui demandez pas de penser comme vous, mais développez les qualités que vous souhaitez qu'il développe. Si vous êtes curieux, il deviendra curieux, si vous l'interrogez sur ce qu'il pense, il vous questionnera également.

7. Ses amis deviennent plus importants que vous

Depuis toujours, l'adolescent trouve du réconfort et du plaisir dans l'amitié. Avec son groupe d'ami(e)s, il peut partager ses goûts, ses doutes et ses rêves, jouer, rire et pleurer et trouver le courage de prendre de la distance avec vous et avec son enfance.

Internet : une incroyable ouverture relationnelle

Aujourd'hui plus encore qu'avant, les adolescents peuvent créer et garder du lien entre eux au-delà des distances physiques. Avec le téléphone portable, ils sont autonomes et gèrent leurs rendez-vous en temps réel. Ils ajustent en permanence leur emploi du temps, selon leur humeur ou si quelque chose de mieux se présente... Sur Facebook, Ils partagent bien plus que des informations, ils échangent des coups de cœur sous forme de photos, de musique, de vidéos... Ils publient, ils « like », commentent et entretiennent ainsi des liens avec les amis proches et plus lointains. Ils participent à des groupes en phase avec leurs intérêts et font ainsi de nouvelles rencontres.

Leur mode relationnel est profondément transformé par l'arrivée de ces technologies : ils sont susceptibles d'entrer en communication sans contrainte géographique avec tous ceux qui sont sur le Net. Le concept d'amitié même évolue : quelques ami(e)s très proches, souvent ceux qu'ils côtoient quotidiennement, et un cercle plus large de rencontres dont chaque relation peut s'intensifier ou s'estomper. Ces réseaux sociaux peuvent également permettre à un adolescent isolé et en difficulté de trouver du réconfort et de l'écoute. Quelle que soit la difficulté que l'on rencontre, il y a toujours sur le Net des personnes qui ont traversé les mêmes problèmes et sont heureuses de partager leur expérience et de donner des conseils. Des réseaux de solidarité humaine...

Peut-il peut perdre la tête dans ce monde virtuel ?

Il y a pourtant trois bémols à cette révolution de la relation dans laquelle baigne votre adolescent :

- Ce monde virtuel peut envahir et parasiter les moments familiaux.
- Certains ados (et adultes !) deviennent dépendants des réactions des autres à leurs SMS ou autres publications sur le Net : « Combien de "like" ai-je eu ? Qui a commenté ? ».
- Enfin, certaines tensions relationnelles, qui ont lieu entre élèves par exemple, peuvent apparaître sur Facebook et entamer l'espace d'intimité de chacun.

Attitude-clé

Accueillez ses amis et soyez curieux de leur mode de vie. Intéressez-vous aux réseaux sociaux, ouvrez un compte sur Facebook pour explorer, mieux comprendre et discuter avec lui de la manière de l'utiliser.
Posez des règles qui préservent les échanges familiaux : portables éteints pendant les repas ou pendant une activité faite ensemble, utilisation limitée de l'ordinateur familial...
Soyez à l'écoute, sans dramatiser ni minimiser d'éventuelles situations relationnelles qui pourraient le mettre à mal.

CHAPITRE 2

La confiance en soi, un combustible pour grandir

L'adolescent va naviguer de plus en plus souvent en pleine mer et il a besoin pour cela d'une **boussole intérieure** qui lui permet de se connaître, de s'aimer et de se sentir en sécurité. La confiance en soi, dans les autres et dans l'avenir est le combustible qui permet de traverser la vie sans perdre son enthousiasme et de trouver du sens aux événements.

8. Test : Aidez-vous votre ado à avoir confiance en lui ?

Vos paroles et vos attitudes envers votre ado font partie de vos habitudes relationnelles. Elles sont souvent issues de la manière dont vos propres parents se sont comportés avec vous, ou de ce qui se transmet dans votre culture. En répondant à ces questions, découvrez si vos attitudes au quotidien aident votre ado ou pas à développer sa confiance en lui.

Elle a du mal à se décider sur la robe qu'elle veut acheter...

A. Vous lui demandez de se dépêcher.
B. Vous soupirez en disant : « Ah, t'es bien une fille... ».
C. Vous lui dites que la couleur rouge lui irait bien.
D. Vous lui demandez ce qui la fait hésiter.

Il rougit quand son oncle lui fait remarquer qu'il a des poils au menton...

A. Ça vous met mal à l'aise et vous parlez d'autre chose.
B. Vous le taquinez : « Ah bon, tu rougis ? ».
C. Vous lui dites : « Il est temps qu'on t'achète un rasoir ».
D. Vous lui souriez.

Elle pleure parce qu'elle s'est fait mal en tombant. Vous lui dites...

A. « Allez, ce n'est pas si grave. »
B. « Ce que tu peux être maladroite ! »
C. « Tiens, voilà des granules d'Arnica. »
D. « Aïe, ça fait mal ! De quoi as-tu besoin ? »

Il vous avoue qu'il ne s'est fait aucun ami au collège. Vous lui répondez…
A. « Tu t'en feras sûrement bientôt. »
B. « Faut dire que tu n'es pas très sociable. »
C. « C'est ton anniversaire bientôt. Tu pourrais en profiter pour inviter des gens et te faire des amis. »
D. « Ça te rend triste ? Qu'est-ce qui fait que tu n'as pas d'amis ? »

Elle est inquiète pour une de ses amies qui est rejetée par les autres. Vous lui dites…
A. « Il y a toujours des exclus. Ça passera. »
B. « Tu es trop sensible, occupe-toi davantage de toi. »
C. « Tu pourrais aller lui parler. »
D. « Qu'est-ce qui a provoqué cela ? »

Si vous avez une majorité de A

Vous cherchez à minimiser la difficulté rencontrée par votre adolescent et à le rassurer. C'est sans doute difficile pour vous d'accueillir sa souffrance. Cela peut avoir un effet bénéfique pour lui à court terme, mais son problème reste entier. Il se sent certes moins seul mais peut avoir l'impression que vous ne le prenez pas au sérieux. Même si sa difficulté peut vous sembler dérisoire, elle est importante pour lui. Prenez le temps de l'écouter et offrez-lui votre présence et votre empathie.

Si vous avez une majorité de B

Vous le jugez et c'est votre manière de vouloir qu'il évolue. Sachez que les jugements le blessent, atteignent l'estime qu'il a de lui-même et déclenchent ses attitudes défensives. Votre adolescent risque de vous parler de moins en moins et de se refermer sur lui. Plutôt que de le juger, observez ce qui se passe en vous et exprimez-lui votre difficulté à le comprendre. Ayez de l'empathie envers vous-même, cela vous permettra d'en avoir pour lui.

Si vous avez une majorité de C

Vous avez tendance à lui donner des solutions face aux difficultés qu'il rencontre. C'est une réaction fréquente quand on est parent, parce qu'on a eu l'habitude de prendre en charge son enfant petit. Mais le voilà ado ! Il a besoin progressivement de trouver ses propres solutions. Réfrénez votre désir de lui donner des conseils, attendez qu'il vous le demande éventuellement et écoutez-le.

Si vous avez une majorité de D

Vous êtes capable de l'écouter et de vous rendre disponible à son mal-être sans que cela vous inquiète. Bonne nouvelle ! Cela l'aide à prendre confiance en lui et en ses ressources pour grandir. Si vous n'êtes pas disponible, dites-le lui, assurez-le de votre intérêt pour ce qu'il vit et donnez-lui rendez-vous plus tard.

9. Développez le « capital confiance » de votre ado

Avoir **confiance en soi**, c'est d'abord croire en son potentiel et en ses capacités. Si, dans une situation, l'adolescent se sent capable de s'en sortir par lui-même, il développe une sécurité intérieure qui favorise sa réussite. S'en suit alors un cercle vertueux qui lui permet d'oser et de s'affirmer.

Comment se développe la confiance en soi et comment elle se perd

L'enfant a une curiosité naturelle innée, c'est un explorateur qui aborde le monde avec confiance et sans a priori. Ce « capital confiance » grandit dans chaque situation où l'enfant réussit, mais diminue lorsqu'il échoue. D'ailleurs, le cerveau (sans doute pour augmenter nos chances de survie) mémorise plus les échecs que les réussites. Une mise en échec enlève plus de points de confiance qu'une réussite n'en fait gagner ! D'où l'importance de vivre de nombreuses situations de réussite.

L'enfant arrive donc à l'adolescence avec un capital confiance plus ou moins haut en fonction des réussites et échecs qu'il a rencontrés.

Portez votre attention sur tout progrès, quel qu'en soit le domaine, et exprimez-le à votre ado :

– *Tes notes ont progressé par rapport au trimestre dernier. C'est encourageant, je trouve.*

- *Tu as réussi à trouver une solution pour l'organisation de ton week-end. Bravo !*
- *Les relations entre toi et ta petite sœur se sont vraiment détendues. J'apprécie.*

Attitude-clé

En valorisant ses expériences de réussite, vous soutenez le côté positif de votre adolescent, la partie en lui qui aime les défis et a envie de grandir. Ainsi, vous soutenez votre propre confiance en lui !

10. Transformez les échecs en expériences qui ont du sens

La **confiance en soi** est nourrie par la réussite, mais également par la capacité à regarder ses échecs non pas comme des drames à éviter mais comme des événements qui ont un sens et qui poussent à grandir. Si une porte se ferme, d'autres vont s'ouvrir. Grâce à la confiance profonde dans ses capacités d'adaptation et d'apprentissage, de nouvelles opportunités qu'on ne voit pas encore peuvent surgir...

L'échec n'est pas tant l'événement lui-même que le regard que l'on porte sur lui et les conclusions qu'on en tire. Thomas Edisson, célèbre scientifique et inventeur de l'ampoule électrique, disait : « Je n'ai pas échoué, j'ai trouvé 10 000 moyens qui ne fonctionnent pas. Chaque tentative échouée est un pas en avant vers la réussite et m'encourage donc à continuer. »

Henri Ford affirmait aussi : « L'échec est seulement l'opportunité de recommencer d'une façon plus intelligente. »

Échouer : qu'est-ce que cela veut dire ?

Échouer, c'est rater la cible que l'adolescent (sa famille ou la société) s'est fixé : réussir un examen, être sélectionné à un concours, s'intégrer dans un groupe, avoir une amoureuse...

Quand l'adolescent rencontre un échec, il peut perdre confiance en ses capacités comme le montrent les exemples ci-après.

Événement	Le regard de votre ado sur l'événement	Conclusions que votre ado peut en tirer
Julie n'a pas été sélectionnée pour faire partie de la compétition de basket.	Elle doute de ses capacités sportives.	Elle décide d'arrêter tout sport.
Antonin n'a pas été invité à l'anniversaire de Léa.	Il se dit qu'il n'est pas capable de plaire aux filles.	Il se retranche derrière son ordinateur et évite sa bande d'amis.
Carole a eu une mauvaise note en contrôle de maths.	Elle a l'impression que d'autres réussissent plus facilement qu'elle et se décourage.	Elle renonce à vouloir faire des études scientifiques.

Il ne s'agit pas d'éviter à l'adolescent des situations difficiles mais de l'aider à accueillir les échecs comme des sources d'enseignements.

Comment nourrir la confiance en soi même en situation d'échec ?

Accueillir l'échec est un processus qui peut prendre plus ou moins de temps. Mieux il est accepté et accompagné, plus le processus de « maturation » est susceptible de transformer ce qui semble honteux et « plombant » en véritable terreau pour grandir.

Les étapes de cet accompagnement sont les suivantes :

1. Accueillir avec empathie la tristesse, le découragement, la déception qui traversent l'adolescent.

2. Clarifier avec lui, sans jugement, ce qui est à l'origine de cette situation : qu'est-ce qui s'est passé ? Et qu'est-ce qu'il en apprend sur lui, sur la vie et le monde ?
3. Explorer ensemble de nouvelles perspectives pour avancer : la capacité vient avec l'entraînement et l'expérience de la réussite.

Événement	Qu'est-ce qui s'est passé ?	Pistes à explorer
Julie n'a pas été sélectionnée pour faire partie de la compétition de basket.	Il y a des filles meilleures qu'elle dans l'équipe et elle a été moins assidue aux entraînements.	Être plus assidue et plus engagée dans les entraînements ; pratiquer le basket uniquement pour le plaisir sans compétition.
Antonin n'a pas été invité à l'anniversaire de Léa	Il n'a pas osé lui dire qu'elle lui plaisait ; ses copains se moquent de lui.	Chercher une situation dans laquelle il se sent à l'aise avec les filles : la musique ? Le sport ? Et élargir son groupe de copains en s'ouvrant à d'autres rencontres.
Carole a eu une mauvaise note en contrôle de maths.	Elle n'a pas compris l'exercice ; elle stresse pendant les contrôles.	Expérimenter une approche de gestion du stress. Reprendre les exercices avec une copine.

Attitude-clé

En traitant réussite et échec sur un même plan, vous évitez à votre adolescent de s'identifier à ses réussites comme à ses échecs.

Portez votre attention sur les réussites de votre adolescent, sur les vôtres et sur celles de votre entourage : vous participerez ainsi au déploiement de la confiance familiale.

Accompagnez ses échecs avec empathie sans vouloir précipiter les choses mais en faisant confiance au processus de transformation.

11. Préservez l'estime que votre ado a de lui-même

Alors que la confiance en soi se focalise sur la capacité (« Est-ce que je vais y arriver ? J'ai peur d'essayer, je ne suis pas à la hauteur »), l'**estime de soi** porte sur **sa propre valeur** (« Je ne vaux pas grand-chose, je passe inaperçu(e), je ne m'aime pas »).
L'estime de soi est la perception que l'on a de soi-même. Dans toute situation qui a de l'importance aux yeux de l'adolescent, il émet une sorte de verdict (« Ce que je fais est valable à mes yeux » ou « Ceci n'est pas valable ») qui participe à l'évaluation personnelle de sa valeur : suis-je quelqu'un de bien ? Quelqu'un d'aimable ?
Comme la confiance en soi, l'estime de soi est fluctuante : elle se développe dans des situations où l'on ose être soi-même, exprimer ses émotions et ses pensées ; elle diminue quand on ment ou on triche par peur d'être jugé.

À quoi sert l'estime de soi ?

Si un adolescent ou une adolescente se perçoit comme quelqu'un de valeur, cela va l'aider à aller de l'avant, à repousser ses limites de façon consciente et mesurée : cet(te) adolescent(e) pourra voir grand dans sa vie. Si en revanche son estime de soi est chancelante, cela le(la) poussera à forcer ses limites pour prouver aux autres sa valeur, au risque de se blesser, de se perdre, de se détruire.
L'estime de soi joue également sur nos choix en amitié et en amour. On est attiré par les personnes dont l'estime de soi est comparable à la nôtre. Si cette dernière est

élevée, on s'entoure de personnes pour qui l'on a de la considération et qui sont capables de reconnaître notre valeur. La relation devient source de stimulation pour grandir ensemble. Dans le cas inverse, on tolère d'être traité avec peu de respect, ce qui participe à la baisse de l'estime de soi.

Comment se construit l'estime de soi ?

Cette valeur se construit d'abord par le regard que l'entourage pose sur l'enfant et l'adolescent. Lorsque les parents jugent l'enfant ou l'adolescent de façon négative (« Tu es méchant, tu es sale, tu es nul »), son estime de lui-même est entamée. Et même si les jugements positifs sont moins destructeurs (« Tu es gentille, tu es belle, tu es intelligente, tu es toujours souriante » en parlant d'une fille), ils enferment également l'adolescente et l'empêchent d'être vraie. « Si je suis moi-même, va-t-on m'aimer ? » pourra-t-elle se demander.
Ce besoin d'être aimé peut conduire à se trahir soi-même et devenir dépendant du regard des autres. À l'inverse, oser être vrai et fidèle à soi-même est l'ingrédient essentiel d'une estime de soi profonde et stable.

Favoriser l'estime de soi chez l'adolescent

Encouragez-le à être vrai ; votre ado osera ainsi être authentique face aux autres. Pour cela, soyez prêt à entendre de sa part des points de vue qui risquent de vous déstabiliser : « La lecture, ça ne sert à rien ; les films d'horreur c'est génial ; les percings, c'est top ; j'adore les rave parties... » Ce sont ses avis et émotions du moment.

Plus vous les accueillez avec curiosité et sérénité, plus il peut se sentir aimé inconditionnellement. Cette acceptation profonde de l'adolescent n'implique pas, bien au contraire, qu'on le laisse agir à sa guise. C'est ce que nous verrons dans le chapitre sur les limites.

Cet amour inconditionnel que peuvent porter les parents et les éducateurs en général aux enfants est un terreau très fertile de l'estime de soi : « Quels que soient tes croyances, tes doutes, tes erreurs, tes errances, je t'aime et reconnais ton courage et ta valeur profonde pour suivre ton chemin ».

Observez ce que vous pensez de votre ado et ce que vous lui dites. Transformez les jugements à son égard en expression de vos propres émotions et pensées. Si vous souhaitez lui exprimer votre préjugé en lui disant : « C'est stupide de regarder des films d'horreur », essayez de changer votre approche en lui précisant : « Ça me fait bizarre que tu regardes ces films, parce que, moi, ils me terrorisent. Qu'est-ce que tu apprécies dans ce genre de film ? »

Si votre adolescente vous dit : « Je suis nulle », ramenez-la aux faits : « Qu'est-ce qui te fait dire cela ? ». Rappelez-lui que pour vous, elle est importante et qu'elle a de la valeur. Évitez surtout de la comparer à ses frères et sœurs ou à l'enfant qu'elle était !

Attitude-clé

Soyez curieux de ce que vit votre ado, de sa vision du monde. Soyez conscient que votre écoute aimante et attentive nourrit son estime de lui-même.

12. Soyez sensible à l'image que votre ado a de lui-même

Jamais, depuis sa première année de vie, l'enfant n'a connu une période aussi accélérée de changements physiologiques. Pas facile de rester serein dans ce corps qui se transforme de façon visible et pas toujours harmonieuse ni conforme aux critères de beauté de l'époque. Ce processus se produit en dehors de son contrôle et déstabilise son identité : « Qui suis-je ? ». Il a l'impression qu'on ne le comprend plus, mais surtout, il a lui-même du mal à se comprendre.

L'apparence physique constitue une préoccupation importante, car elle est au cœur des affinités, des moqueries et des rejets : à quel groupe est-ce que j'appartiens ? Plus le jeune se sent différent de ses pairs, par une puberté précoce ou tardive, plus son mal-être peut être accentué. La fierté d'entrer dans la communauté des adolescents alterne donc avec une sensation diffuse de vulnérabilité et de sensibilité accrue face au regard des autres.

L'adolescent et son changement physique

Votre ado a besoin que vous respectiez son intimité physique, son corps qui se transforme de façon sexuée, et les changements hormonaux et émotionnels qui vont de pair. Il a besoin de délicatesse et de subtilité. Il n'y a finalement pas grand-chose à faire si ce n'est de se montrer plus discret et délicat envers lui, comme éviter de rentrer dans sa chambre sans y être invité ou certaines taquineries empreintes d'ironie : « Tous ces boutons d'acné, c'est à cause de tes hormones… Qu'est-ce que t'es sensible ! » C'est l'occasion de devenir plus conscient de vos paroles mais aussi de vos contacts physiques : inutile de lui passer la main dans les cheveux pour le recoiffer… et en même temps, s'il vient vers vous, n'hésitez pas à le prendre dans vos bras ! Soyez donc à l'écoute de la distance dont il a besoin pour se sentir à l'aise : parfois proche, parfois lointain. Cet éloignement ne se fait pas « contre vous », mais est nécessaire à son déploiement. Confiez régulièrement à votre ado ce que vous aimez chez lui : ses vêtements, sa coiffure, sa manière de danser, sa voix, son regard… Même s'il refuse le compliment, vos paroles positives le conforteront dans le fait que vous êtes sensible à sa transformation.

Certains adolescents ont une apparence naturelle qui séduit facilement. Les autres les envient, mais cette beauté les limite parfois dans leur évolution, tandis que ceux, moins conformes aux stéréotypes (trop petit, trop grand, trop gros, trop maigre…) développent d'autres atouts personnels pour plaire et se construisent de façon plus profonde, au-delà de leur apparence physique. Soyez à l'écoute de leurs doutes concernant l'image qu'ils ont d'eux-mêmes, saisissez toute occasion (performances d'acteurs, chanteurs, personnalités politiques, auteurs…) pour leur montrer la diversité humaine et combien la capacité à plaire ne se réduit pas à la beauté plastique.

Attitude-clé

Rappelez-vous que derrière ses attitudes distantes, voire agressives, votre ado est très sensible. Soyez attentif à la manière dont vous entrez en contact avec lui. Par exemple, demandez-lui toujours la permission d'entrer dans son espace d'intimité. Exprimez aussi ce que vous appréciez chez lui dès que vous en avez l'occasion.

13. Soyez respectueux de sa découverte de la sexualité

Le désir, les pulsions, les émois émotionnels et affectifs sont au cœur de l'adolescence. Sous le trouble d'un regard, d'un contact, d'un attrait, les émotions peuvent faire réagir de façon déroutante et incontrôlable... Quelle est cette force qui m'attire vers l'autre et qui, en même temps, me fait perdre tous mes moyens ? L'irruption de la sexualité dans la vie de l'adolescent vient ébranler l'estime de lui-même et la confiance en lui : suis-je désirable ? Vais-je plaire ? Saurai-je m'y prendre ?
Pour les garçons, ce sont des érections imprévisibles et des éjaculations nocturnes déclenchées par des rêves érotiques. Chez les filles, c'est l'arrivée des règles qui signe de façon claire l'accès au statut de femme et à la capacité à procréer. Pas facile de rester serein face à ces manifestations sexuelles visibles alors que la relation sexuelle avec l'autre est encore un espace vierge et mystérieux. Pudeur, timidité, ou à l'inverse, propos crus et railleries sur l'autre sexe sont des tentatives de cacher et de canaliser cette effervescence sexuelle. À son rythme, l'adolescent va vivre des émois amoureux, des expériences sensuelles et sexuelles, continuer la découverte de son corps par la masturbation, s'interroger sur ses désirs et son orientation sexuelle...

Comment aider l'adolescent à s'ouvrir sereinement à la sexualité ?

Cette irruption de la sexualité dans la vie de l'adolescent peut également être déstabilisante pour les parents. Comment l'accompagner ?

- Plus votre vision de la sexualité est positive, plus votre adolescent peut explorer sereinement la sexualité. Les films, l'actualité sont des occasions d'aborder le sujet en respectant la pudeur de chacun.
- Évitez les jugements autour de la sexualité (« Les homosexuels sont des gens anormaux ; les filles qui s'habillent sexy sont racoleuses »), car ils ferment la discussion. Dites plutôt : « Je ne comprends pas l'homosexualité » ou « Quand une fille est habillée de façon sexy, ça me met mal à l'aise ». En disant « Je », vous autorisez l'adolescent à faire son propre chemin, différent du vôtre.
- Évitez les termes négatifs autour de la sexualité, comme « pollutions nocturnes » ou « accidents » au sujet des éjaculations nocturnes par exemple. Évoquez plutôt l'importance du plaisir, qu'il soit provoqué par un rêve, par la masturbation, quelques pas de danse, un massage ou une relation sexuelle. Et même si votre vie sexuelle n'est pas aussi épanouie que ce que vous aimeriez, vous pouvez cependant honorer la beauté de la sensualité et de la sexualité.
- Rappelez-lui que les films pornos sont « truqués », conçus pour exciter et non pour éduquer ! Invitez-le à découvrir la richesse et la diversité de la sexualité en allant sur des sites comme : http://www.education-sensuelle.com, alternative à la pornographie et espace réussi d'éducation à la sexualité.

Célébrez l'entrée dans la sexualité de vos ados de façon créative et festive !

- Mamans, accueillez votre fille dans le monde des femmes : fêtez l'arrivée de ses règles avec un bouquet de fleurs rouges, des fraises Tagada, un cadeau, un restaurant, un hammam...
- Papas, emmenez votre fils pour un week-end dans la nature ou ailleurs.

Attitude-clé

Encouragez votre ado à faire confiance à ses sensations et à son imagination, à écouter et respecter son corps afin de créer son cheminement personnel dans la découverte de la sexualité, au-delà des « normes » pornographiques et des pressions des autres.
Suggérez-lui de respecter les choix et le rythme de ses partenaires. La sexualité peut prendre de multiples formes qu'il peut explorer et appréhender à travers ses désirs, ses limites et ceux des autres.

14. Restez attentif à ses signes de mal-être

L'adolescent traverse des zones de doute et de découragement : peines de cœur, conflits avec ses copains, difficultés scolaires... Ces épreuves font partie du cheminement et lui apprennent à expérimenter ses propres ressources pour grandir et trouver du soutien auprès de son entourage.
Mais certains adolescents sont confrontés à des difficultés plus graves qui dépassent leur capacité à les surmonter. Ils s'enferment parfois dans une spirale descendante qui peut devenir préoccupante : désespoir, phobies, envie de mourir... Ces situations nécessitent une aide des adultes. Ni lui ni vous n'êtes fautif de ce mal-être, car lui comme vous faites du mieux que vous pouvez. Mais il est de votre responsabilité de demander de l'aide auprès de personnes susceptibles de vous éclairer sur la gravité ou non de la situation (médecins, psys, associations de parents...). Et même si votre ado refuse votre aide et vous dit que ce n'est pas grave, donnez-vous les moyens de l'aider.

Attitude-clé

Si vous êtes inquiet pour votre ado, faites-lui en part et proposez-lui du soutien. N'hésitez pas à vous faire aider par un spécialiste pour évaluer la gravité de la situation. En effectuant un travail sur vos peurs et votre inquiétude, vous aiderez votre adolescent à faire ce même chemin.

CHAPITRE 3

Au cœur des relations familiales

Vivre avec un adolescent modifie les relations familiales. L'harmonie qui était peut-être présente dans votre famille est mise à mal et vous êtes confronté à des tensions, des confrontations parfois explosives, à un éloignement où il devient plus difficile de communiquer. Comment préserver un climat familial serein ?

15. Test : Faites un état des lieux de vos relations familiales

Chaque famille possède son propre « style » issu principalement des choix parentaux en termes de valeurs, de règles de vie, de loisirs… Qu'en est-il de votre climat familial et quel impact a-t-il sur le développement de votre adolescent ?

Quand vous rentrez à la maison, ce qui vous vient en premier à l'esprit, c'est…

A. Comment vont mes enfants ?
B. À qui sont ces chaussures qui traînent dans le couloir ?
C. Mon fils va vouloir négocier son heure de sortie vendredi soir.
D. J'enlève mes chaussures et je me pose cinq minutes sur le canapé.

Lorsque votre famille est à table pour dîner, le climat est souvent…

A. Joyeux : on raconte des événements plutôt drôles.
B. Sérieux : on évoque le boulot et les devoirs.
C. Tendu : on argumente sur des sujets d'actualité ou on négocie les sorties du week-end.
D. Émouvant : on partage ce qu'on a vécu d'agréable ou de difficile.

Que faites-vous le week-end dans votre famille ?

A. On passe le plus de temps possible ensemble.
B. On en profite pour ranger la maison et se reposer, faire ce qu'on n'a pas eu le temps de faire dans la semaine.

C. Chacun vit sa vie.

D. On se réserve au moins un moment en famille : un jeu, un film, une sortie...

Vos vacances se passent le plus souvent...

A. Dans la famille.

B. Comme d'habitude, une semaine dans la famille et une semaine à la mer.

C. Cela se négocie entre mer et montagne, sports ou farniente.

D. Peu importe l'endroit, on choisit au dernier moment, et vient qui veut.

Votre espace personnel...

A. Je n'en ai aucun. Un jour peut-être quand mes enfants seront grands...

B. Mon cours de gym tous les jeudis soir.

C. Des livres, des conférences et du jogging.

D. Je fais une pause dès que j'en ressens le besoin.

Quand la tension monte entre vos enfants...

A. Mon cœur bat plus fort et je crie également.

B. Je prends les choses en main et j'arbitre.

C. Je leur demande de régler leurs différends.

D. Je tente de rester calme et je les aide à s'entendre.

Si vous avez une majorité de A

Vous êtes plutôt du genre famille ***fusionnelle***. Pour vous, les liens familiaux sont importants et vous faites tout pour préserver la joie d'être ensemble avec les membres de votre tribu. On se sent au chaud chez vous, dans un cocon protecteur et bienveillant. Mais votre adolescent risque progressivement de trouver votre famille un peu étouffante. N'oubliez pas de lui laisser de l'espace pour faire ses propres expériences et sortir !

Si vous avez une majorité de B

Vous êtes plutôt du genre famille ***ordonnée***. Pour vous, il est important que les personnes et les choses soient à leur place. Tout est planifié et chacun sait ce qu'il a à faire. On se sent en sécurité chez vous car les habitudes sont bien cadrées. Mais votre adolescent risque de s'ennuyer et aura besoin de créer du nouveau. Laissez-vous parfois surprendre par des propositions inattendues venant de lui ou de votre entourage...

Si vous avez une majorité de C

Vous êtes plutôt du genre famille ***intello***. Pour vous, chacun doit développer son autonomie et sa responsabilité. Les discussions vont bon train, les négociations aussi. Chacun se sent reconnu dans votre famille pour sa capacité à réfléchir, à proposer, à innover. Votre ado apprécie sans doute cette liberté mais peut-être se sent-il parfois seul, ou bien poussé trop vite hors du nid. Soyez à l'écoute des moments où il a besoin de soutien et n'hésitez pas à lui faire de la place, avec un chocolat chaud, et à l'écouter avec attention.

Si vous avez une majorité de D

Vous êtes plutôt du genre famille ***douceur***. Pour vous, il est essentiel d'être à l'écoute des besoins de chacun mais aussi de vos propres besoins. Le temps passé en famille est plus important que ce que l'on fait ensemble. Dans votre entourage, on se sent accueilli et écouté sans avoir besoin de montrer qu'on est le plus fort. Votre ado se sent autorisé à être lui-même tout en respectant la relation avec sa famille. Mais il a encore besoin de limites : veillez à ce que votre bienveillance soit aussi accompagnée d'une certaine fermeté qui l'aidera à grandir.

16. Parents, vous êtes le port d'ancrage de votre ado

« Vous êtes nuls ! Vivement que je parte, on ne peut jamais rien faire ici ! Vous me traitez comme une enfant. »
Même si votre fille a souvent des réactions maladroites face à vous, comme celle-ci, n'oubliez pas que la famille reste son point d'ancrage affectif. Elle a besoin de se sentir aimée, particulièrement lorsqu'elle traverse les turbulences de l'adolescence, de ce port d'attache dans lequel elle trouve chaleur et réconfort.
Les attaques de votre adolescente sont parfois si rudes et si inattendues qu'elles peuvent venir mettre à mal la confiance que vous avez en elle et apporter son lot de culpabilité et de découragement : suis-je à la hauteur ? Vais-je arriver à tenir le gouvernail alors que la tempête s'annonce ? Gardez confiance dans le terreau familial que vous lui offrez, quel qu'il soit.
La famille dite « nucléaire » (la mère, le père et leurs enfants) est de moins en moins une référence : aujourd'hui, c'est la diversité qui devient la norme. Peu importe que les parents vivent ensemble ou soient séparés, que le père ou la mère soit encore en vie, que les parents aient ou non de l'argent, que l'ado soit enfant unique ou au sein d'une fratrie nombreuse, ou encore que la famille soit recomposée… **l'adolescent peut se développer harmonieusement dans tout type de famille**.
Ce qui fait la différence, c'est votre capacité à garder un regard bienveillant sur votre ado et sur vous-même.

Comment rester bienveillant et calme dans la tempête ? En vous rappelant que l'adolescence est un passage, une transition de l'enfance vers l'âge adulte. Leurs piques, leurs silences et leurs maladresses sont des comportements fréquents qui n'ont pas pour but de vous détruire mais de les aider à s'extirper d'un nid qui devient trop étroit. Ainsi, quand vous vous sentez déstabilisé face à votre adolescente :

– Souvenez-vous des moments joyeux et aimants de son enfance, regardez les mots doux qu'elle vous a offerts à la fête des mères...
– Respirez et voyez l'enfant qui grandit sans prendre pour vous ce qu'elle dit : elle parle d'elle et non de vous. Quand elle dit : « Vous êtes nuls », entendez « Ce n'est pas facile de grandir ».

Attitude-clé

Gardez confiance dans l'amour profond qui vous relie au-delà des difficultés du quotidien et appuyez-vous sur les règles de vie posées dans la famille !

17. Partagez des moments de plaisirs avec votre ado

« Tu as fini tes devoirs ? Il faut que tu ranges tes affaires. Non, tu ne sors pas pendant la semaine. Quoi, tu es encore devant l'écran ! Tu ne peux pas faire autre chose, non ? »

L'adolescence apporte son lot de tensions et de conflits au quotidien. Le risque est grand que les sujets de conversation se réduisent progressivement à des questions d'études, de sorties et d'argent de poche. La relation entre vous et votre ado peut alors progressivement se détériorer... Aussi est-ce essentiel d'avoir régulièrement des moments joyeux, fluides, où vous avez plaisir à être avec votre fils ou votre fille : regarder ensemble une vidéo drôle ou une série télé, jouer, faire du sport, préparer le dîner, aller au restaurant ou au cinéma... « On se fait un jeu vidéo ? Un tarot ? On m'a appris un nouveau jeu que j'aimerais bien faire avec toi. Veux-tu taper dans le ballon dix minutes et te défouler avec moi ? »...

Ne vous coincez pas dans une position rigide où vous vous sentez obligé d'être sérieux, vous risquez de faire fuir votre ado (et pas seulement lui d'ailleurs...). Osez vous lâcher, vous faire plaisir avec lui : rire, faire les fous, dire des bêtises, jouer à vous bagarrer... ces comportements ne signifient pas que vous êtes devenus copain-copain. Au contraire, vous montrez votre côté insouciant et rieur, un côté rassurant qui donne envie de vous ressembler ! Surprenez-le ! Cultivez l'humour grâce auquel on rit de soi-même avec l'autre, et évitez l'ironie, avec laquelle on rit facilement de l'autre.

Même les moments qui ne sont pas très amusants, comme la vaisselle après le repas, peuvent devenir agréables si l'on met une musique punchy qui invite à danser et à chanter tout en nettoyant les assiettes !

Attitude-clé

Trouvez trois « kifs » à faire ensemble le plus souvent possible : rire d'une anecdote, d'une histoire, d'un souvenir ou regarder un film, une série...
Dégustez le plaisir de vivre : un mets, une boisson, une musique, un paysage, un film...
Jouez pour le plaisir de jouer ensemble et non pas pour gagner.

18. Parents, vivez votre vie pleinement !

« Tu crois que la vie c'est facile... On n'a rien sans effort ! On n'a pas le choix, on est bien obligé de travailler. On ne fait pas ce que l'on veut dans la vie... »
Voilà des phrases qui ne donnent guère envie de partager du temps avec l'adulte qui les prononcent, de lui ressembler, de grandir... Si les parents ont l'air triste, soucieux et pessimiste, ils auront tendance à « assombrir » le climat familial et à ne pas réussir à partager des expériences agréables avec leurs enfants.
Votre adolescent a besoin de grandir auprès d'adultes qui prennent soin au mieux de leur propre vie, qui développent une forme d'optimisme, de curiosité et d'enthousiasme. Ces qualités sont contagieuses et participent à un climat familial riche. Il ne s'agit pas de faire croire que l'on est heureux et détendu si l'on est stressé et triste, mais de développer sa capacité à porter son attention sur les aspects positifs et joyeux de la vie.
Partagez le plus régulièrement possible des moments agréables avec votre ado. Posez-lui aussi des questions pour amorcer vos échanges : « Quelles sont les musiques que tu aimes ? Quelles sont les séries que vous appréciez, vous les ados, aujourd'hui ? » Préservez vos propres moments de ressourcement quels qu'ils soient : relaxation, film, marche, course, lecture, jardinage... Ils sont essentiels à votre bien-être et vous rendent plus disponible aux moments de partage familiaux.

Attitude-clé

Prenez soin de vous, apprenez à vous ressourcer tout en vous rendant disponible lorsque votre ado en a besoin.

19. Développez un climat de bienveillance au sein de votre famille

« Ton frère y arrivera mieux que toi. Ce que tu peux être lente ! On ne peut pas te faire confiance... C'est quoi cette coiffure ? Ton père a encore cassé la machine à laver... » Beaucoup de petites phrases répétées machinalement au quotidien dévalorisent nos proches et deviennent source d'amertume et de ressentiment. Soyez conscient que vos paroles et votre regard donnent le *la* du climat familial : vous jugez, vos enfant jugent, vous critiquez, ils critiquent...

La bienveillance est la disposition affective qui vise le bien-être de chacun. Si vous voulez impulser un climat familial chaleureux et bienveillant, commencez par porter votre attention sur ce que vous dites et la façon dont vous le dites :

- Tournez votre langue sept fois dans votre bouche avant de parler pour éviter de blesser les autres !
- Dites le plus souvent possible à votre ado ce que vous appréciez chez lui : « J'aime bien ta coiffure ; bravo pour ton travail en maths ; elle est sympa ton amie ; la musique que tu m'as conseillée est excellente... »
- Si vous êtes gêné ou déstabilisé par ses paroles ou son comportement, préférez les messages où vous vous impliquez personnellement (« Je suis choqué par la violence des images de ce film ») plutôt que les messages qui agressent l'autre (« Comment peux-tu aimer ces films violents ? Tu es vraiment insensible ») et déclenchent la justification ou la culpabilisation.

Évitez également de comparer entre eux vos enfants et dire du mal d'eux en leur absence, ou de participer aux médisances et aux rumeurs. Au contraire, jouez plutôt à la « marieuse chinoise » qui ne parle que des cotés positifs d'une personne... N'hésitez pas à partager ce que les autres disent de positif : « Ta sœur a demandé plusieurs fois à quel moment tu rentrais ; ton père est super fier de ce que tu as fait, ta mère est touchée par ton courage ».
Transformez les messages critiques qui agressent l'autre en messages qui impliquent une émotion et un besoin personnel exprimé. Si votre fille vous dit : « Mon frère est insupportable », plutôt que de lui interdire de parler ainsi de son frère (déni) ou encore de confirmer son jugement, demandez-lui : « Qu'a-t-il fait pour que cela te mette en colère ? » Cela permettra à votre ado de s'exprimer, en se sentant accompagnée avec bienveillance, tout en apaisant la tension entre frère et sœur.

Attitude-clé

Développez la bienveillance envers vous-même et vos proches. Elle est contagieuse !

20. Observez la dynamique de vos relations familiales et parlez-en !

Votre famille est un groupe qui a sa propre dynamique : les relations sont parfois harmonieuses, parfois tendues, certains membres prennent de la place, d'autres s'effacent. Il y a des alliances et des affinités qui évoluent. Lorsqu'on prend soin de cette dynamique, elle garde sa fluidité. De plus, elle permet aux adolescents d'exprimer leurs besoins et d'écouter ceux des autres, de développer leur créativité pour trouver des solutions qui prennent en compte les besoins de chacun.
Comment prendre soin de la dynamique de votre famille ? En proposant des moments réguliers (le dimanche soir à table par exemple) où l'on échange, on fait des choix ensemble (vacances, sorties, achats...) et on règle les tensions et les conflits.

Faire des choix ensemble

Il s'agit pour vous d'écouter les propositions et d'insuffler une dynamique à travers laquelle votre adolescent participe aux choix des projets qui le concernent : les vacances, les sorties, les règles de vie de la maison...

Gérer les tensions régulièrement

Il s'agit également de gérer les tensions exprimées sans les juger. Évitez d'arbitrer en prenant parti mais tentez plutôt d'aider les membres de la famille à entendre les besoins de chacun. L'exemple suivant pourra vous éclairer.

– *Élise, 12 ans : J'en ai marre que Julie entre dans ma chambre lorsque je ne suis pas là, pour récupérer ses affaires.*
– *Julie, 15 ans : Je te prends juste des choses que j'ai oubliées. Je ne vais pas attendre que tu sois revenue !*
– *Le parent : Si j'ai bien compris, Élise, tu en as assez que Julie entre dans ta chambre quand tu n'es pas là pour reprendre ses affaires. Et toi, Julie, ça ne te semble pas grave et tu ne veux pas attendre. Comment pouvez-vous faire pour vous entendre ?*
– *Élise : Elle n'a qu'à attendre que je sois revenue ou bien elle ne laisse pas ses affaires traîner dans ma chambre.*
– *Julie : Ça peut m'arriver d'oublier des trucs dans ta chambre. Tu fais bien la même chose.*
– *Élise : En fait, j'aimerais bien avoir une clé pour ma chambre.*
– *Le parent : Pourquoi pas ? Cela te permettrait de garder ton intimité.*
– *Élise : Julie, tu n'auras qu'à passer le soir avant que je me couche récupérer les affaires dont tu as besoin.*
– *Julie : D'accord, on peut essayer comme ça.*

Attitude-clé

Valorisez les attitudes de bienveillance et sachez gérer les tensions lorsqu'elles se présentent, avec confiance.

21. Positionnez-vous si votre ado envenime le climat familial

Il critique ses frères et sœurs avec ironie, il oppose un non presque systématique à vos propositions, il monte le ton, est réactif et maussade, vous insulte ou refuse les règles posées dans la famille. Le climat se tend, chacun redoute sa présence et respire enfin quand il n'est pas là... Pas simple de rester bienveillant et ouvert dans ce climat de crise. Les réactions de votre ado reflètent certes son mal-être, ses tentatives de s'affirmer et de grandir, mais vous invitent aussi à vous positionner et à ne pas les subir. Ayez en tête que vous faites toujours de votre mieux et que l'enjeu n'est pas d'être un « parent parfait » mais d'évoluer, de progresser comme parent ou éducateur.

Comment reconnaître le besoin d'affirmation de votre ado, sans pour autant le laisser casser ou diminuer les autres ?

- Autant que possible, prenez de la distance avec ce qu'il dit et fait. Restez présent comme un phare dans la tempête en maintenant le cap.
- Appuyez-vous sur les règles posées pour ne pas réagir vous-même avec violence : « Tu peux être en colère, mais ce n'est pas pour autant que tu peux m'insulter ou insulter ton frère. »
- Partagez avec lui votre ressenti : « Quand tu parles de façon agressive à ton frère, je suis perturbé. Il est important pour moi que chacun se sente en confiance

et valorisé dans notre famille. Peut-être n'avais-tu pas l'intention de le blesser, mais je vois qu'il a peur de toi et moi-même, je suis déstabilisé devant ton comportement. » En parlant ainsi, vous évitez de culpabiliser votre ado et vous développez sa capacité à prendre conscience que sa puissance peut blesser. Il se perçoit encore comme un lionceau alors que ses rugissements deviennent ceux d'un lion...

– Si le climat s'envenime, demandez vite de l'aide. Ne tentez pas de l'envoyer faire une thérapie (il risque fort de refuser et ce serait sans doute inefficace). Recherchez plutôt un lieu d'écoute parentale (individuel ou un groupe de parole) pour sortir de ce cercle vicieux et retrouver une confiance dans votre capacité parentale.

Attitude-clé

N'attendez pas que la situation soit devenue invivable pour vous faire aider. Acceptez de voir les difficultés sans culpabiliser ni juger votre adolescent, ce n'est pas une preuve de faiblesse parentale, mais au contraire, une preuve de maturité et d'amour.

CHAPITRE 4

Clarifiez le sens de votre autorité

L'autorité est souvent réduite à sa dimension répressive. Quand on dit de quelqu'un qu'il est « autoritaire », on évoque principalement sa capacité à mettre des limites et à obtenir l'obéissance. Or l'autorité revêt deux aspects :

- la capacité à poser des règles qui protègent l'adolescent et son entourage,
- mais aussi la capacité à encourager et soutenir avec bienveillance l'autonomie de l'adolescent.

22. Test : Quel est le type d'autorité que vous exercez ?

L'autorité dont vous faite preuve pose les fondements de l'adulte que votre ado va devenir. Souhaitez-vous qu'il devienne un adulte bien adapté à la société ? Un adulte autonome qui réussit socialement ? Un adulte heureux qui prend soin de lui et des autres ? Peut-être un peu des trois... Ce test va vous permettre de clarifier votre manière d'exercer l'autorité, les bénéfices et les limites que cela peut avoir sur le développement de votre ado.

Votre adolescent refuse de venir manger chez ses grands-parents, vous lui dites...

A. « Tu viens. Un point c'est tout. » Et s'il refuse, vous le punissez.

B. « Tu fais comme tu veux, mais je veux que tu appelles tes grands-parents pour les prévenir. »

C. « Tes grands-parents sont vieux et se sont occupés de toi avec amour. Tu leur dois bien ça. »

D. « Je comprends que ce ne soit pas une sortie très fun, mais il est important pour moi que tu leur fasses ce plaisir-là de temps en temps. »

E. « Moi non plus, ça ne m'enchante pas. Je vais leur dire que je suis fatigué et qu'on reporte... »

Il veut se faire un tatouage...

A. Vous refusez catégoriquement. Il attendra sa majorité.

B. Vous lui parlez des risques en termes d'hygiène et d'irréversibilité, ainsi que des conséquences sur son avenir. Vous lui proposez de bien y réfléchir.

C. Vous le serrez dans vos bras en lui disant : « Arrête de me faire marcher ».
D. Vous le questionnez sur ses motivations et ses connaissances sur le sujet et partagez votre point de vue.
E. « Super ! Montre-moi tes motifs. Ça pourrait aussi me donner envie ! »

Vous trouvez dans sa chambre du tabac à rouler...
A. Vous lui confisquez et le punissez.
B. Vous lui parlez des risques du tabac et argumentez pour qu'il arrête, tout en lui interdisant de fumer à la maison.
C. Vous paniquez et appelez à l'aide votre meilleure amie.
D. Vous profitez d'un moment tranquille pour lui faire part de vos préoccupations et écouter son point de vue.
E. Vous vous roulez une cigarette.

Vous lui rappelez qu'il doit envoyer l'inscription pour son stage, tandis qu'il joue sur son ordinateur. Il ne vous écoute manifestement pas...
A. Vous montez le ton et le menacez de débrancher l'ordinateur.
B. Vous posez la fiche d'inscription sur le bureau et le laissez gérer seul, au risque qu'il ne fasse pas le stage.
C. Vous soupirez, remplissez la fiche et l'envoyez à sa place.
D. Vous lui faites part de votre inquiétude pour son inscription, car la date limite est le lendemain. Vous restez à côté de lui et attendez qu'il vous prête attention.
E. Le stage ? Quel stage ? Vous prenez une manette et le défiez à la console.

À table, Tom se moque des résultats scolaires de sa petite sœur Léa qui se met alors à pleurer...

A. Vous envoyez Tom dans sa chambre.
B. Vous lui demandez pourquoi il agit comme cela.
C. Vous en renversez le plat de pâtes.
D. Vous lui dites : « Tom, je ne sais pas si tu te rends compte, mais Léa est très sensible à ce que tu lui dis et moi aussi je suis touchée par vos conflits. Je vais aller la consoler et ensuite j'aimerais qu'on en parle. »
E. Vous pensez : « Pourquoi tant de haine ? », et vous finissez de manger vos pâtes tant qu'elles sont encore chaudes.

Si vous avez une majorité de A

Votre valeur clé est le respect de l'autorité. Pour vous, un « bon adolescent » obéit. Vous avez à cœur de transmettre vos valeurs de gré ou de force... au risque qu'il se braque, vous contredise systématiquement ou commence à vous mentir. Développez la souplesse et l'écoute pour qu'il puisse grandir. Cela vous donnera plus de chances de lui transmettre les valeurs qui vous semblent essentielles.

Si vous avez une majorité de B

Vos valeurs essentielles sont la réflexion et l'autonomie. Pour vous, un « bon adolescent » doit apprendre à faire des choix rationnels et à prendre la responsabilité de ses actes. Vous expliquez et argumentez pour le convaincre, c'est parfois efficace mais souvent usant ! Au-delà des « débats contradictoires », l'adolescent a besoin d'être coaché par votre écoute empathique. Il développe ainsi progressivement sa force intérieure.

Si vous avez une majorité de C

Vous êtes inquiet pour votre adolescent et suivez de près sa santé, ses études, son emploi du temps, ses fréquentations... Pour vous, un adolescent doit être gentil et ne pas prendre de risques. Vous cherchez à préserver une harmonie familiale et êtes déstabilisé par sa manière de s'affirmer. Il risque d'étouffer dans ce cocon et de s'étioler ! Occupez-vous plus de vous et moins de lui pour qu'il puisse prendre confiance en ses propres ressources.

Si vous avez une majorité de D

Vous voyez votre adolescent comme un être en devenir et cela vous aide à rester calme même dans les turbulences. Vous saisissez toute occasion pour l'aider à mieux se connaître et à développer son attention aux autres. Les conflits sont gérés et le climat familial est plutôt serein. Le risque ? Que vous utilisiez plus ou moins consciemment vos compétences relationnelles pour manipuler votre adolescent...

Si vous avez une majorité de E

Vous êtes plutôt du genre « parent-copain ». Vous privilégiez les moments de plaisir avec votre adolescent et rebondissez avec humour dans nombre de situations. Les copains de votre adolescent l'envient d'avoir un parent aussi cool... Mais en privilégiant trop le plaisir immédiat, vous l'empêchez de traverser les frustrations et de se projeter dans l'avenir. Sachez remettre un cadre et des règles si besoin, même si vous passez pour le « méchant ». Cela fait partie de votre rôle de parent !

23. Ajustez votre autorité à ses besoins

Votre adolescent se dirige tranquillement vers sa majorité, âge auquel il pourra faire ses choix par lui-même. Même s'il n'est pas autonome financièrement, même s'il habite encore chez vous, il pourra décider de sa vie sans avoir de comptes à vous rendre.

Pour arriver à l'âge adulte en étant bien préparé à utiliser son libre-arbitre, votre ado a besoin d'une autorité posée avec discernement, qui l'aide à faire progressivement l'expérience de la liberté et de la responsabilité. Durant ces années d'adolescence, le cadre de votre autorité va se transformer pour le conduire vers son autonomie et la construction de son identité.

L'adolescent a en effet besoin :

- de règles qui le structurent sans l'étouffer ni l'infantiliser,
- de règles qui évoluent, lui donnent de plus en plus de liberté et qu'il peut négocier,
- de parents qui restent présents et bienveillants même lorsqu'il fait des erreurs ou transgresse les règles posées,
- d'adultes qui l'aident à passer progressivement des règles édictées par eux à une discipline qu'il s'impose à lui-même.

Attitude-clé

Ayez en tête que l'objectif de l'autorité consiste à ce que votre ado ait de moins en moins besoin de vous !

24. Sachez dire non !

L'adolescent cherche son équilibre et sa voie sur un chemin qu'il trace pas à pas. Le confronter à certaines règles a pour objectif de lui éviter les écueils et dangers qui auraient un impact grave sur sa santé et son avenir. Si certains de ses actes vous semblent incompatibles avec son bien-être et celui de son entourage ou de son environnement, dites non ! Les adolescents d'aujourd'hui négocient beaucoup plus qu'autrefois parce qu'ils ont moins peur de leurs parents. Ils n'acceptent plus d'obéir sans discuter si la règle posée leur semble injuste ou incompréhensible. Ils osent davantage s'exprimer et prendre le risque du conflit. Ils manifestent ainsi leur capacité à s'affirmer, ce qui est souvent épuisant pour les parents qui s'échinent de leur côté à expliquer, justifier, argumenter.

Testez votre capacité à tenir votre refus de façon éducative

Votre fille, Lisa, veut sortir voir des amis. C'est un soir de la semaine. Elle a cours le lendemain. Elle insiste.

- *Vous : Non Lisa, tu restes ici ce soir, car demain tu as cours. C'est la règle qui a été posée.*
- *Lisa : Mais je sors juste un quart d'heure. Allez, sois sympa !*
- *Non Lisa, tu restes ici. Cela n'est pas négociable.*
- *Mais les autres parents sont plus sympas que toi !*
- *Tu restes ici. C'est frustrant je sais, mais c'est la règle.*

Lisa part dans sa chambre en claquant la porte et en maugréant...

Observez comment vous vous sentez après avoir réussi à imposer votre refus : peut-être fatigué, culpabilisé ? C'est effectivement difficile de frustrer son adolescent parce qu'en cet instant précis, il vous déteste cordialement et vous êtes sans doute pour lui le pire parent du monde... Soyez certain que la frustration qu'il ressent et la colère qui va de pair vont s'estomper progressivement, d'autant plus si vous êtes attentif à la manière dont vous posez votre refus.

- Préparez-vous à ce qu'un « non » déclenche chez votre adolescent de la frustration et de la colère. Portez votre attention sur votre respiration pour trouver un ancrage et une stabilité, sans vous crisper.
- Un « non » que vous posez est toujours un « oui » à quelque chose d'important : oui à sa santé, oui au respect des règles qui ont été discutées ensemble.
- Appuyez-vous sur la règle posée pour éviter de partir dans le rapport de force. Si vous le menacez ou utilisez votre force physique pour le contraindre, vous passez insidieusement d'une autorité garante du respect d'une règle à une attitude de domination qui cherche à soumettre.
- La frustration est un apprentissage difficile : n'en rajoutez pas ! Évitez de le juger (« Tu en veux toujours plus, tu es toujours en train de te plaindre »...) ou de le culpabiliser (« Tu m'obliges à monter le ton et à me mettre en colère »).

Ces points d'appui vous permettront progressivement de rester calme dans les moments de tension forte et votre adolescent pourra sentir que vous restez présent sans vaciller ni devenir violent.

Attitude-clé

Ayez des priorités sur ce qui est important et ce qui l'est moins. Dites oui aussi souvent que possible, et quand vous choisissez de dire non, prenez-en la responsabilité et faites respecter votre refus.

25. Apprenez à négocier quand c'est nécessaire

Négocier avec votre ado permet d'éviter qu'il ne mette la pression sur tous les membres de la famille afin d'obtenir ce qu'il veut. Cela lui apprend à exprimer ses besoins et à prendre en compte les vôtres !

Négocier pour éviter qu'il ne vous « mette la pression »

« Je m'en fous, si tu me l'interdis, je le ferai quand même. Tu verras, tu le regretteras. Tu m'interdis tout parce que tu ne m'aimes pas… »

Un adolescent peut mettre la pression quand il s'énerve : il peut menacer, pleurer, insulter, voire frapper. Ces manœuvres d'intimidation sont la manière qu'il trouve pour devenir plus libre et obtenir ce qu'il veut. Elles ne sont pas condamnables en soi, mais elles risquent de provoquer chez vous de la peur : peur de sa violence (envers lui-même ou envers vous), peur de le perdre… C'est alors tentant de céder pour avoir la paix sur le moment, mais progressivement va s'installer un climat de peur entre vous et au sein de votre famille, où, pour éviter les débordements de l'adolescent, chacun va « se tenir à carreaux ». Le rapport de force peut tourner en faveur de l'adolescent, qui va alors de plus en plus malmener son entourage.

Comment négocier ?

1. Écoutez sa demande tranquillement (écouter ne veut pas dire adhérer !) et assurez-vous de l'avoir bien

comprise : « Si j'ai bien saisi, tu as besoin de l'ordinateur dès maintenant pour rechercher une info sur Internet. »
Exprimez ce que vous **ressentez** par rapport à sa demande : « Cela **m'ennuie** que tu fasses cela tout de suite, parce que j'ai un travail à finir sur l'ordinateur, puis le repas à préparer. »

2. Cherchez ensemble une solution satisfaisante pour les deux : « Qu'est-ce qu'on fait ? As-tu des idées ? »
3. Valorisez le fait que vous ayez trouvé une solution qui ne lèse personne : « Cela me va de te laisser l'ordinateur maintenant, si tu finis de préparer le dîner ensuite. C'est super qu'on ait trouvé une solution qui nous convienne tous les deux. »

La négociation peut s'apprendre dès le plus jeune âge. Elle développe la capacité à prendre soin de soi et des autres et rend confiant dans le fait de trouver des solutions équitables lors d'un conflit. Certaines négociations (comme l'exemple ci-dessus) peuvent se faire de façon informelle. Les négociations sur le changement des règles et des contrats (argent de poche, répartition des tâches, règles concernant les sorties...) se font plutôt lors des temps de régulation, comme nous l'avons évoqué au chapitre 3 (p. 53).

Attitude-clé

En écoutant vos besoins et ceux de votre adolescent, en négociant avec lui, vous développerez plus de créativité pour trouver des solutions nouvelles et efficaces au quotidien.

26. Sanctionnez pour responsabiliser

Pourquoi et comment sanctionnez-vous ? Qu'est-ce que vous attendez d'une sanction ?
La sanction est d'abord la conséquence de ses actes : si vous roulez vite, vous pouvez avoir un accident ; si votre adolescent ne travaille pas, il peut échouer à son examen... Nombre de sanctions sont donc déjà données par les lois physiques et sociales et font réfléchir. Il ne s'agit pas de se culpabiliser de ce que l'on a fait, car le passé est révolu et ne peut être modifié, mais de se responsabiliser et de se tourner vers le futur pour comprendre sans juger ce qui s'est passé et transformer ce qui peut l'être.

Qu'est-ce qu'une sanction éducative ?

Les sanctions que vous choisissez de poser ont pour objectif d'aider l'adolescent à prendre conscience de l'impact de ses actes sur lui-même, les autres ou le monde. Il est confronté à la sanction comme à une porte fermée qui l'oblige à trouver une autre manière d'explorer sa liberté.
Pour qu'une sanction soit « éducative », il est nécessaire :

- D'accepter que l'adolescent puisse se tromper, transgresser, faire des erreurs... et vous aussi d'ailleurs. Cela fait partie de l'apprentissage !
- De sanctionner son acte sans pour autant le dénigrer et porter atteinte à l'estime de soi.
- Que l'adolescent connaisse la règle, la comprenne (même s'il n'y adhère pas) et ait une idée de la sanction qu'il encourt.

– Que la sanction soit limitée dans le temps. « Tu es privé de sortie ce week-end » sera plus constructif que : « Tu es privé de sortie jusqu'à ce que tu me parles sur un autre ton ! »
– Que la sanction soit en lien avec l'acte.

Quelle forme peut prendre la sanction ?

Une sanction éducative peut prendre trois formes :
– La **frustration**, qui met en face de ses engagements : elle est rentrée ivre, sans respecter l'heure prévue, elle est donc privée de sortie pendant un temps donné.
– La **mise à l'écart**, qui permet un retour sur soi dans le calme : il a frappé son petit frère, il n'est pas autorisé à rester dans le salon. Ce n'est pas un bannissement mais une occasion de prendre conscience de l'impact de ses actes sur les autres.
– La **réparation**, qui donne l'occasion de compenser les torts commis. Elle a abîmé l'écharpe que vous lui aviez prêtée. Elle en rachète une autre ou vous donne l'un de ses vêtements… La réparation est efficace car elle recrée du lien, mais elle nécessite que l'adolescent soit d'accord et que la solution qu'il propose vous convienne aussi.

Attitude-clé

Vous n'êtes jamais obligé de punir. Vous faites le choix de sanctionner un acte pour inciter l'adolescent à prendre davantage soin de lui, des autres et de son environnement.

27. Différenciez les conflits de besoins et les conflits de valeurs

« T'es pas mon père, tu n'as rien à me dire. C'est ma vie, c'est mon corps. Je fais ce que je veux ! Je me fous de mes études et de mon avenir… Laisse-moi tranquille ! » Reconnaissez la part de vérité dans ce que dit cette adolescente et imaginez à quel point il lui est difficile de devoir, encore et encore, subir les remarques et conseils d'adultes qui lui donnent l'impression d'être traitée comme une enfant. Il vous faudra donc clarifier le type de conflit que vous rencontrez avec votre ado pour mettre des priorités, tenir ou lâcher.

Conflit de besoins

Vous êtes dans un **conflit de besoins** si ce que fait ou dit votre adolescent a un impact sur vous ou sur votre environnement : il fume dans le salon et ça vous fait tousser ; il laisse la cuisine en désordre et vous devez la ranger, il embête sa petite sœur et elle en pleure… Dans un conflit de besoins, il est important de respecter votre besoin : de calme, d'espace, de temps, de sécurité… et de ne pas lâcher tant qu'une solution respectant votre besoin n'a pas été trouvée. C'est ainsi que l'adolescent va progresser dans sa capacité à prendre soin des autres tout autant que de lui.

– *Vous : Max, la musique est trop forte et j'ai besoin de calme pour lire. Peux-tu baisser le volume ?*
– *Max : Mais c'est une musique qui s'écoute à fond !*

– *Vous : Tu as envie de l'écouter fort et moi j'ai envie de silence. Comment fait-on ?*
– *Max : Tu n'as qu'à aller ailleurs !*
– *Vous : Je suis bien près du feu et j'ai envie de rester là. Pourquoi tu n'irais pas dans ta chambre ?*
– *Max : Moi aussi je suis bien ici.* (soupir) *Je vais mettre une autre musique plus cool qui s'écoute plus doucement.*
– *Vous : Super. Merci.*

Restez bien centré sur votre besoin et confiant dans votre capacité à trouver des solutions : les besoins ne s'opposent pas et différentes solutions peuvent satisfaire un besoin.

Conflit de valeurs

Vous êtes dans un **conflit de valeurs** si ce que votre ado fait a un impact uniquement sur lui : il fume en dehors de votre présence des cigarettes ou des joints, elle met des piercings, il se fait un tatouage, elle veut arrêter ses études... Ce qu'il fait ou dit peut vous inquiéter ou vous choquer mais effectivement, c'est sa vie. Au fur et à mesure qu'il grandit, il va faire ses propres choix et, même si ça vous fait peur, il est rassurant que ces choix diffèrent des vôtres. C'est signe qu'il commence à naviguer dans la vie avec ses propres valeurs et sa boussole intérieure. Comment l'influencer avec intégrité, sans menace (« Si tu te fais un piercing, tu n'auras plus d'argent de poche ! »), ni chantage affectif (« Comment peux-tu me faire ça ? »), ni dévalorisation (« Quel manque de goût tu as ! ») ?

– Écoutez sa vision du monde avant de donner la vôtre et cherchez à comprendre ce qui est important pour lui : « Qu'est-ce qui te plaît dans le piercing ? »

- Demandez-lui si votre vision l'intéresse et partagez-la avec lui uniquement s'il est prêt à l'entendre. Inutile de parler à quelqu'un qui se bouche les oreilles !
- Exprimez votre inquiétude et interrogation sans chercher à avoir raison. Offrez-lui une perspective différente en utilisant ces mots : « en même temps ». « Je comprends mieux ce qui te plaît dans le piercing ; **en même temps,** je suis gêné(e) par l'image que renvoie le piercing, tandis qu'en termes d'hygiène, c'est risqué. »
- Acceptez qu'il reste sur sa position et soyez certain que vos paroles et votre point de vue ont plus d'impact sur lui que vous ne le pensez.

Attitude-clé

Moins vous cherchez à convaincre votre ado, plus vous l'influencez !

28. Demandez du soutien si votre autorité vacille

Vous ne pouvez plus rien lui demander sans que cela ne devienne une affaire d'état ! Il ne supporte plus vos remarques. Vos échanges se transforment en rapport de force épuisant et stérile. La situation est tendue, il ne reconnaît plus votre autorité. Alors, que faire ?

- N'attendez pas que la situation empire pour agir. Évitez de laisser s'installer une relation où l'adolescent prend l'habitude de vous « maltraiter ». Vous avez besoin de soutien pour retrouver des forces : demandez-en auprès de votre entourage ou de personnes compétentes.
- Dites-lui, sans le culpabiliser ni vous culpabiliser, que c'est difficile pour vous et que vous avez besoin d'aide parce que vous vous sentez concerné par lui.
- Prenez du temps pour vous ressourcer et vous détendre, cela vous aidera à prendre du recul vis-à-vis de la situation.
- Laissez-le exprimer son mécontentement dans des limites qui vous semblent acceptables sans le reprendre.

Reconnaître que l'on est dépassé par la situation et demander de l'aide ne signifie pas que l'on est un parent en échec. Au contraire ! C'est une preuve de maturité et de discernement qui permet de sortir d'une impasse.

Attitude-clé

Sachez partager votre autorité avec d'autres adultes qui vous aident et vous relaient lorsque la situation devient trop lourde pour vous.

CHAPITRE 5

Résoudre les conflits au quotidien

La vie quotidienne apporte son lot de joies mais également de tensions qui peuvent empoisonner le climat familial. Comment prévenir et gérer les conflits avec votre adolescent pour préserver la relation que vous entretenez avec lui ? Comment développer cette souplesse relationnelle qui vous protège des orages émotionnels et accompagne votre ado dans son développement ?

29. Test : Comment gérez-vous les tensions quotidiennes avec votre ado ?

Dans un conflit, chaque parent fait au mieux pour tenter de préserver les règles qui lui semblent justes, mais également pour maintenir la relation avec son ado. Découvrez quelles attitudes vous adoptez en cas de petits conflits au quotidien et l'impact qu'elles peuvent avoir sur votre ado...

Vous êtes en train de préparer un dîner équilibré lorsque votre fille arrive dans la cuisine et se fait une grosse tartine de Nutella®...

A. Vous lui prenez le pain des mains et exigez qu'elle attende le dîner.

B. Vous soupirez, mais vous ne lui dites rien.

C. Vous lui demandez de mettre le couvert et lui détaillez le menu.

D. Vous lui faites part de votre préoccupation sur sa santé.

Votre fils a une tignasse qui lui cache les yeux et il sent le fauve...

A. Vous lui imposez d'aller se laver au plus vite.

B. Vous faites comme si de rien n'était.

C. Vous lui dites que vous allez profiter de son sommeil pour le raser s'il ne se lave pas.

D. Vous lui exprimez votre gêne.

Elle a 16 ans et vous demande si son copain peut rester dormir à la maison...

A. Il en est hors de question.

B. Oui, pourquoi pas ?

C. Vous préférez attendre que votre conjoint(e) rentre pour en parler avec lui (elle).

D. Vous exprimez votre malaise face à cette demande qui vous laisse peu de temps pour décider.

Sur votre ordinateur, vous vous apercevez qu'il est allé visiter un site pornographique...

A. Vous le convoquez illico.

B. Vous n'osez pas lui en parler.

C. Vous faites allusion lors du dîner aux dangers de la pornographie.

D. Vous prenez le temps de digérer le problème avant de lui en parler.

Vous revenez du week-end et retrouvez votre bouteille de gin presque vide...

A. Vous le sermonnez vertement et le sanctionnez.

B. C'est la goutte d'eau qui fait déborder le vase : vous vous effondrez en larmes.

C. Vous mettez votre alcool sous clé.

D. Vous lui demandez ce qui s'est passé et exprimez votre inquiétude.

Si vous avez une majorité de A

Vous êtes très réactif(ve) devant une attitude qui va contre vos principes ou vos besoins. Vous sortez de vos gonds et tentez de reprendre le contrôle de la situation en force. Cela peut marcher à court terme, car votre adolescent se tiendra à carreaux, mais la violence de votre réaction peut nuire à votre relation et déclencher chez lui des réactions négatives et du mensonge. Prenez le temps de respirer avant de réagir. Cela vous permettra de relativiser le problème et de trouver les mots justes.

Si vous avez une majorité de B

Vous ne vous positionnez pas, sans doute par peur du conflit. Vous prenez sur vous pour préserver un climat d'harmonie et effectivement vous réussissez à éviter la discorde. Votre adolescent a ainsi de l'espace pour explorer et grandir, mais il a besoin aussi de sentir votre présence et votre capacité à poser des règles et à les tenir, même si cela est frustrant pour lui. C'est un gage d'amour et de sécurité. Osez lui exprimer votre point de vue lorsque c'est important et prendre de la distance avec sa réaction.

Si vous avez une majorité de C

Vous tentez de faire passer des messages et de garder le contrôle de façon discrète ou avec de l'humour. Cela peut marcher si votre adolescent entend et accepte votre message implicite... Mais le flou de votre réaction lui laisse une marge de manœuvre pour comprendre ce qu'il veut. Mettez de la clarté dans vos propos, cela vous donnera plus de chance d'être entendu.

Si vous avez une majorité de D

Vous avez la capacité d'exprimer votre point de vue, mais aussi votre ressenti, face à un comportement qui vous gêne. Votre façon de vous exprimer vous donne plus de chance d'être entendu, ce qui encourage votre adolescent à réfléchir sur ses actes et à développer de l'empathie envers son entourage. Cela peut parfois suffire pour qu'il accepte d'évoluer. Si besoin, n'hésitez pas à prendre aussi appui sur les règles que vous posez pour le protéger et préserver l'harmonie familiale.

30. Votre ado mange n'importe quoi, n'importe quand

Notre culture n'enseigne pas aux jeunes à prendre soin de leur alimentation : il n'y a aucun cours de nutrition et de cuisine prévus au programme actuellement. Depuis leur plus jeune âge, on invite les enfants à manger rapidement et on les nourrit d'aliments industriels. La cantine du collège ou du lycée est souvent un lieu bruyant où il faut faire la queue pour attendre, où la nourriture proposée est d'une qualité médiocre et où l'on doit se dépêcher ; c'est presque un intermède entre deux cours.

À la maison, faire un repas goûteux et équilibré relève souvent de la gageure et demande du temps. Les adolescents sont parfois friands de sucres et de féculents et font la grimace face aux légumes ou aux aliments sains. Et pourtant, la nourriture est le combustible du corps ! Comme le décrit Isabelle Filliozat dans son livre *Bien dans sa cuisine*[1], les édulcorants, le sucre et le gluten semblent avoir un impact non négligeable sur nos états émotionnels, notre agressivité et notre hyperactivité.

Prévenir les conflits, ce serait donc tout d'abord considérer les repas comme un temps de plaisir partagé et de ressourcement. Mais aussi cuisiner des aliments simples et apprécier ce temps comme un moment de détente. Si votre fils ou votre fille a envie de vous parler, pourquoi ne pas l'inviter à venir échanger avec vous, tout en préparant le repas et en épluchant les légumes...

1. Éditions J.-C. Lattès, 2012.

Comment l'aider à modifier ses habitudes alimentaires (et peut-être les vôtres) ?

- Prenez le temps de changer peu à peu ce que vous mangez et comment vous le mangez en recherchant le plaisir au moins autant que l'aspect santé et nutrition.
- Tentez une nouvelle recette que vous avez appréciée chez des amis ou demandez à votre ado de trouver sur un site Internet un plat avec des aliments qu'il aime.
- Soyez attentif à ses préférences tout en lui proposant de goûter à tout !
- Mettez-vous d'accord sur un horaire de repas compatible avec vos possibilités et ses contraintes scolaires. Un repas équilibré à 18 h 30 (à l'anglo-saxonne) vaut parfois mieux qu'un goûter trop copieux.
- Mettez des fruits bien en vue dans la cuisine, à consommer sans restriction (mais si possible en dehors des repas car ils sont alors mieux digérés).
- Jouez avec la nourriture : faites-lui deviner les ingrédients d'un plat, demandez-lui de fermer les yeux et faites-lui sentir une épice... Éveillez ses papilles !

L'alimentation peut devenir un terrain de conflits sensible : il se jette sur le pain puis n'a plus faim lors du repas, elle mange à peine deux bouchées et s'en va, il râle parce qu'il n'y a plus de chocolat... Rappelez-vous alors la différence entre conflit de valeurs et conflit de besoins.

- **Conflit de valeurs :** il est important de respecter son appétit, ses goûts : ce qu'il met dans sa bouche est de sa propre liberté. Aidez-le simplement à devenir plus conscient de ce qu'il ingurgite et de la façon dont cela affecte son énergie et son moral. Vous pouvez le conseiller ou lui faire part de vos inquiétudes sans pour autant lui imposer quoi que ce soit. Vous risquez en effet de déclencher plus de résistance...

– **Conflit de besoins** : clarifiez ce dont vous avez besoin pour proposer des repas sains et agréables. Demandez à votre adolescent son soutien pour les courses, la confection du repas, le rangement...

Et si votre adolescent(e) mange de plus en plus ou de moins en moins, évitez de dramatiser ce déséquilibre passager qui peut être dû à quelques turbulences : fatigue, maladie, peine de cœur, stress... Mais si la situation perdure, les troubles de l'alimentation que sont la boulimie et l'anorexie peuvent nécessiter que vous vous informiez sur le sujet et que vous demandiez de l'aide à un spécialiste.

Attitude-clé

Explorez par essais et tâtonnements des mets bons pour la santé et surtout goûteux !

31. Il oublie même de se laver

Votre ado disparaît derrière sa tignasse et n'a pas changé de tee-shirt depuis quelques jours. Ses vêtements traînent constamment par terre dans sa chambre. Ou bien au contraire, elle se douche trois fois durant le week-end et lave ses vêtements plus que nécessaire...
Le corps de votre ado se transforme et le confronte à son énergie sexuelle, à sa capacité à séduire ou à être touché, déstabilisé par ce qu'il ressent en son for intérieur. Il découvre de nouvelles sensations qui le brassent et le rendent plus vulnérable. Ses comportements s'en ressentent, il cherche à se protéger et à apprivoiser ce corps en mutation. Françoise Dolto évoquait le « complexe du homard » : « L'adolescent se défait de sa carapace soudain étroite, pour en acquérir une autre. Entre les deux, il est vulnérable, agressif ou replié sur lui-même. »[1]
Respectez avec bienveillance sa manière de créer sa bulle et de prendre de la distance avec vous. Ne tentez pas de contrôler son corps, sa manière de se tenir et de s'habiller. Laissez-le explorer à sa manière son espace d'intimité et de séduction. Ayez confiance dans le fait que c'est un passage, sa façon à lui de traverser la puberté et de se familiariser avec ce corps sexué, empli d'étrangeté. L'ado a un besoin vital d'espace intime et personnel où il se sent « chez lui ». Évitez les remarques blessantes sur son hygiène ou son habillement et, à l'inverse, ne vous privez pas de lui dire ce que vous appréciez chez elle ou chez lui : « J'aime bien ta coiffure, ton bijou, ta

---

1. *Paroles pour adolescents ou Le complexe du homard*, de Françoise et Catherine Dolto, éditions Folio, 2007.

tenue, ton parfum »... Sans trop en faire non plus pour éviter de le mettre mal à l'aise. Mais, si son manque d'hygiène devient inconfortable pour vous, faites-lui en part pour retrouver un certain confort. Exprimez-lui ce qui vous dérange, sans jugement, tout en lui faisant une proposition susceptible de vous convenir.

– *Tu n'as pas pris de douche depuis plusieurs jours et je suis incommodé(e) par ton odeur, j'aimerais que tu prennes une douche ce soir. Est-ce que c'est envisageable ?*
– *Je n'ai pas envie de me laver. Tu n'as qu'à t'éloigner de moi.*
– *Nous prenons nos repas ensemble, donc je ne vois pas comment faire...*
– (Soupir) *Bon, d'accord, je vais me laver...*

Évitez d'insister pour que cela soit fait « tout de suite », ce qui serait vécu comme un ordre et une intrusion dans son espace intime. Soyez assuré que vous avez été entendu et que la graine que vous avez semée va germer. Si le lendemain, il ne s'est toujours pas lavé, réitérez votre demande, avec fermeté mais patience !

Attitude-clé

Accompagnez avec bienveillance son besoin d'intimité tout en lui faisant part de votre besoin de propreté et de votre attention à ce qu'il fait de lui-même.

32. Elle s'habille de façon trop sexy

Le désir de votre adolescente d'être reconnue comme femme et le contexte actuel de notre société très érotisée la conduit parfois à s'habiller comme une Lolita. Votre adolescente n'a pas vraiment conscience de ce qu'elle déclenche chez les garçons et les hommes, et peut alors se retrouver dans des situations délicates qui vont au-delà de ce qu'elle souhaite provoquer. Il est parfois important de rappeler les règles que vos posez par rapport à ses tenues vestimentaires, comme dans l'exemple suivant.

Noémie, 13 ans, compte partir au collège dans une tenue sexy qui vous semble inadaptée.

– *Ta tenue est jolie et me paraît bien pour une soirée entre amis, mais certainement pas par pour aller étudier au collège. Je te demande donc d'aller te changer avant de partir.*
– *Mais pourquoi ? Les autres filles s'habillent comme ça.*
– *Sans doute certaines filles le font. Je peux imaginer que vous ayez envie de plaire ainsi. C'est une tenue qui ne va pas laisser les garçons indifférents. Cependant, l'objectif premier du collège est d'étudier, donc je te demande de garder cette tenue pour d'autres moments et d'aller mettre un vêtement qui couvre ton ventre.*
– *Tu m'interdis tout !* (Soupir et marmonnements)
– *Je sais que c'est frustrant, mais je te remercie de me faire confiance.*

C'est grâce à vos paroles bienveillantes et aux règles que vous posez que votre fille peut progressivement intégrer son pouvoir de séduction de manière plus consciente et choisir comment s'habiller en fonction du moment et des événements.

Attitude-clé

Posez des règles sur les choix vestimentaires de votre ado en fonction du contexte, sans pour autant juger ou dénigrer sa manière de s'habiller.

33. Quand les amis et les amoureux débarquent à la maison

Votre ado s'enferme dans sa chambre avec ses amis pendant des heures ou, à l'inverse, investit bruyamment le salon en squattant la télé. Votre ado peut aussi, un jour, demander à ce que son copain ou sa copine reste dormir. Si vous refusez systématiquement, ces jeunes trouveront d'autres lieux pour vivre des moments de partage, de plaisir et d'intimité, des lieux sur lesquels vous n'aurez pas de contrôle et cela vous inquiètera peut-être. Au contraire, si vous ouvrez votre porte sans restriction, vous pourrez vous sentir envahi(e) et vite débordé(e) par les événements.

L'adolescent est en pleine exploration amicale et amoureuse, mais son espace de vie et d'intimité se trouve être chez vous. Il se sent donc légitime pour inviter ses amis « chez lui » et, en même temps, il peut hésiter par peur d'être jugé, voire humilié, si vous lui faites une remarque sur ses amis ou devant eux.

En invitant ses camarades, il partage avec vous des moments de convivialité qui lui sont chers. Autant que possible, ouvrez votre maison et autorisez-le à inviter qui il souhaite et quand il le souhaite. Parfois, les échanges sont facilités par la présence des amis et vous découvrirez ainsi d'autres facettes de votre adolescent.

Cependant, pour préserver votre propre intimité, clarifiez les modalités qui vous paraissent importantes :

- Peut-être préférez-vous qu'il vous demande votre autorisation, ou a minima, qu'il vous prévienne de la venue de ses amis.

– Les espaces communs nécessitent une attention à la propreté et au rangement que vous souhaitez qu'il respecte.
– Son aide pour préparer les repas reste toujours précieuse s'il invite du monde.
– Le temps avec ses amis ne doit pas mettre en péril ses études...

Souvenez-vous que liberté et responsabilité vont de pair ! Posez alors vos conditions à l'accueil de ses amis, de manière à ce qu'il jouisse de sa liberté tout en faisant attention à sa famille.

Sa chambre est son espace d'intimité et il est important de le respecter. Arrive le moment où il proposera à son amoureux ou amoureuse de dormir dans sa chambre. Quelle réponse lui donnerez-vous ? Longtemps, la sexualité a été perçue comme le passage vers la vie adulte, un engagement à faire plutôt en dehors du cocon familial. Aujourd'hui, elle est plutôt devenue un espace d'exploration sensuelle et de bien-être. Sa chambre est vraisemblablement un lieu plus accueillant et confortable qu'une voiture... Chaque famille doit trouver une réponse à cette question. Voyez ce qui vous semble juste, dites-le lui et expliquez-lui pourquoi. Quelle que soit votre réponse, ayez confiance que si elle correspond à ce que vous ressentez, elle sera adaptée et constructive.

Attitude-clé

Accueillez autant que possible son cercle d'amis tout en lui demandant de respecter les règles de convivialité dans la famille.

34. Il passe beaucoup de temps devant un écran

Les écrans sont devenus légion dans les chaumières... ordinateurs, PlayStation, télé... Adultes, adolescents et enfants y passent de nombreuses heures pour communiquer, jouer, se distraire, rechercher des informations, travailler, faire des achats... L'écran n'est pas en soi problématique, ce qui peut l'être c'est le temps passé devant et ce qu'on y fait.

Comment limiter les activités devant écran sans s'embarquer dans des conflits épuisants au quotidien ?

- Évitez si possible de laisser les écrans disponibles dans la chambre de votre ado. Cela limitera les tentations au moment du coucher et favorisera un espace d'endormissement et de calme.
- Posez quelques règles simples d'utilisation des écrans en termes d'horaires. Ou bien négociez avec votre ado un nombre d'heures maximum par semaine à répartir comme il le souhaite.
- S'il ne respecte pas les règles posées, diminuez son temps d'écran pendant une semaine, afin qu'il intègre la frustration qui en découle.
- Partagez avec lui des moments autour de l'écran, que ce soit pour rechercher quelque chose sur Internet ou pour découvrir un jeu.
- Échangez avec votre ado sur les bénéfices et les risques des écrans dans la sphère familiale.

Limitez autant que possible l'accès à la pornographie et aux jeux violents, mais sans les diaboliser ou les juger pour autant. Même si votre ado s'y trouvera sans doute confronté comme la majorité des adolescents, votre positionnement viendra lui donner des repères et lui montrera votre intention de le protéger.

Attitude-clé

Autour des nouveaux moyens de communication (Internet, tablettes, jeux vidéo...) sachez limiter activement l'envahissement des écrans. Posez des règles claires et concrètes sur leur durée d'utilisation qui puissent préserver la convivialité et une bonne ambiance familiale.

35. Il fume de l'herbe et boit de l'alcool

Vous retrouvez un paquet de cigarettes dans la chambre de votre ado ou une cigarette un peu bizarre. Il (ou elle) revient un soir éméché(e) d'une fête entre amis... Peut-être vous y attendiez-vous ou, à l'inverse, vous tombez des nues et vous l'imaginez déjà alcoolique ou toxicomane !

Ce n'est pas tant l'interdit qui intéresse l'adolescent que l'ingestion de substances qui provoquent des sensations nouvelles, le désinhibent, le déstressent. Cet espace d'exploration est encadré par la loi qui protège les citoyens et particulièrement les jeunes de leurs dangers et d'une possible addiction. Ces interdits régis par la loi donnent des repères qui varient en fonction des pays et des époques et sont donc relatifs : pourquoi l'alcool et les cigarettes sont-ils autorisés en France alors que le cannabis y est interdit ?

Mais vous pouvez être sûr qu'un jour ou l'autre, il (ou elle) explorera ces substances interdites. Alors, comment lui transmettre le discernement dans son rapport aux drogues ?

- Interrogez-vous sur votre propre rapport aux substances illicites ou non : cigarettes, alcool, autres addictifs, mais également médicaments. Non pas pour culpabiliser mais parce que vous êtes son principal modèle et que vos ACTES comptent plus que vos paroles.
- Interdisez-lui de fumer du tabac chez vous. Tout comme vous éviterez vous-même de fumer à votre domicile. C'est la façon la plus efficace de limiter votre consommation et celle de votre ado ! Mieux

vaut quelques transgressions qu'un environnement banalisé de fumeurs, invitation implicite à fumer en toute liberté.

- Profitez des fêtes et anniversaires pour partager avec lui le goût du bon vin, progressivement, en fonction de son âge et de sa personnalité, et faire ainsi l'expérience d'une consommation *modérée.*
- Si vous fumez de l'herbe, ce sera plus compliqué parce que cette substance est interdite par la loi. À vous de voir si vous devez vous cacher pour le faire et à quelle occasion, ou si vous décidez de lui dire la vérité et d'échanger avec lui à ce sujet. Si vous lui mentez, il risque de l'apprendre et sa confiance en vous sera entamée. Lui dire nécessitera des explications de votre part, notamment sur les conséquences et les risques de la consommation de produits interdits par la loi.
- Lorsqu'il participe à des soirées avec des amis, discutez avec lui de la manière dont il va gérer l'événement : « S'il y a de l'alcool et que certains de tes amis se retrouvent malades, comment réagiras-tu ? S'il y a de l'herbe ou du shit, comment sauras-tu ce qu'il y a dedans ? Si tu en consommes et que tu fais un "bad trip", que feras-tu ? »
- L'exploration de ces possibles lui évitera de vous mentir et lui permettra ensuite d'avoir des réactions plus adaptées pour sa sécurité et son bien-être.
- S'il enfreint une règle posée sur la cigarette, l'herbe ou l'alcool, profitez de cette occasion pour discuter avec lui : « Pourquoi as-tu enfreint la règle ? Pourquoi as-tu bu à ce point ? Que s'est-il passé ? Comment feras-tu la prochaine fois ? ».
- Vous pourrez éventuellement envisager de le sanctionner par une privation de sorties avec ses amis pendant une semaine ou deux afin qu'il prenne mieux conscience de ses actes.

Si votre adolescent vous semble aller bien, s'il communique, a une vie sociale et un intérêt pour l'apprentissage scolaire ou d'autres activités, alors certaines de ses expériences avec des substances addictives ne sont pas forcément problématiques... Sous réserve qu'il ait suffisamment d'estime de lui-même et de discernement pour apprendre à en consommer sans se faire de mal. Dans le cas contraire, si ces substances semblent prendre de la place dans sa vie, et que votre ado présente des signes de mal-être inquiétants (repli sur lui-même, perte de l'appétit et du sommeil, agressivité, vols...), demandez de l'aide et faites votre possible pour qu'il soit vite accompagné. L'addiction engendre un manque qui peut s'exprimer par des comportements agressifs envers les autres ou envers soi-même et un risque croissant de fuir devant les difficultés.

Attitude-clé

Il est possible que votre adolescent fasse partie de ceux qui expérimentent les substances addictives et qu'il y trouve du plaisir. Reconnaissez la part de plaisir qu'il peut y trouver tout en le mettant en garde contre les risques. Les dangers peuvent d'ailleurs être aussi grands pour des substances autorisées (tabac, alcool) que pour celles interdites. Informez-vous, questionnez-le sur le sujet et restez attentif à son évolution pour intervenir plus fermement si nécessaire.

CHAPITRE 6

Envisager l'avenir avec sérénité

Comment accompagner votre adolescent vers l'avenir alors que nous vous n'en avez qu'une idée encore floue et imprécise ? En quoi votre expérience du passé peut-elle lui être utile dans le monde de demain qui ne cesse d'évoluer et n'aura plus grand-chose à voir avec celui d'aujourd'hui ? Que pouvez-vous lui transmettre pour l'aider à avoir une vie heureuse, à réaliser ses rêves et devenir acteur du monde auquel il aspire ?

36. Test : Quelle est votre vision de l'avenir ?

Votre vision de l'avenir influence la capacité de votre adolescent à envisager son propre avenir. Même s'il ne vous le dit pas, il est touché et concerné par vos inquiétudes, vos souhaits et votre analyse des situations. Les questions ci-dessous vous permettront de clarifier le regard que vous portez sur le futur.

Quand vous parlez avec votre adolescent de son avenir professionnel vous lui dites...

A. Être fonctionnaire, c'est quand même plus sûr !

B. L'avenir se construit pas à pas, c'est un chemin.

C. Ton avenir se prépare maintenant. Il faut que tu travailles pour te donner plus de chances de réussir.

D. Évitons de parler du futur, le monde change si vite !

Votre ado vous annonce : « J'aimerais bien être chirurgienne pédiatrique », vous lui répondez...

A. Dix années d'études de médecine, des milliers d'heures de garde et un salaire pas mirobolant... Tu es sûre ?

B. Waouh ! C'est un métier passionnant !

C. C'est ambitieux, mais réalisable si tu mets tes études en priorité.

D. Tu ne crois pas que ce métier risque de disparaître dans quelques années ?

Votre ado souhaite arrêter ses études dès que possible pour travailler...

A. Vous vous effondrez en pleurs et vous vous demandez ce qu'elle va devenir.

B. Vous êtes curieux de savoir ce qu'elle compte faire et vous faites confiance en sa capacité à apprendre par elle-même.

C. Vous insistez pour qu'elle continue et ait au moins un diplôme.
D. Vous vous y attendiez et baissez les bras. Après tout, c'est sa vie.

Il soupire quand vous lui demandez ce qu'il veut faire plus tard...
A. Vous lui faites la morale.
B. Vous vous excusez de lui avoir posé cette question.
C. Vous l'invitez à prendre un rendez-vous avec son conseiller d'orientation.
D. Vous soupirez également.

Il vous annonce qu'il aimerait partir faire ses études à l'étranger...
A. Vous pensez d'abord au prix que cela va coûter.
B. Vous auriez bien aimé faire la même chose à son âge.
C. Vous lui demandez quel en sera l'intérêt et quel est son projet.
D. Mais quelle est cette manie qu'ont les jeunes de vouloir toujours aller ailleurs ?

Si vous avez une majorité de A

Vous êtes soucieux de son avenir et êtes particulièrement préoccupé de son autonomie financière. Certes, l'argent est un facteur important et il a besoin d'assurer son avenir mais ne resserrez pas trop vite l'étau autour de lui. C'est la confiance en lui qui va lui donner le plus de chances d'acquérir un bon niveau dans ce qu'il fait... Alors autorisez-lui une part de risque.

Si vous avez une majorité de B

Vous êtes confiant dans son avenir et soutenez avec enthousiasme sa construction personnelle. Vous lui laissez une grande liberté dans ses choix et cela lui permet d'envisager l'avenir sans stress. Mais n'hésitez pas à l'aider à clarifier sa vision du futur, à identifier avec lui ses compétences et ses besoins pour lui donner plus de chance de réaliser ses rêves.

Si vous avez une majorité de C

Vous êtes pragmatique et le ramenez au présent. Vous insistez sur l'impact de ses choix actuels sur sa trajectoire future et vous l'incitez à investir dès à présent dans le long terme. Cela l'aide vraisemblablement à rester concentré sur ses objectifs, mais attention à ne pas le décourager : c'est avant tout ses rêves qui vont lui donner l'énergie de s'investir, et non l'angoisse devant l'inconnu...

Si vous avez une majorité de D

Vous êtes quelque peu désorienté face à son avenir. Vous cherchez à l'aider mais ne savez pas trop comment vous y prendre. Votre réserve peut lui être bénéfique, mais faites aussi confiance à votre capacité à l'écouter et à l'encourager, même si vous ne maîtrisez pas tout !

37. Nourrissez une vision positive du futur

Une abondance d'activités est proposée aujourd'hui aux adolescents, une stimulation incessante de fêtes, concerts, films, événements, jeux vidéo interactifs... il leur est parfois difficile de résister à ce plaisir immédiat pour s'investir dans des études visant un bien-être lointain...
Qu'est-ce qui pousse un adolescent à se préoccuper du futur ? La nécessité de subvenir à ses besoins, mais aussi le désir d'avoir une vie meilleure qu'aujourd'hui. Ce tiraillement entre vivre l'instant présent et se projeter plus loin a toujours existé, mais le phénomène s'est accentué. En effet, les adolescents ont la chance de vivre dans un monde en paix, où la société se soucie de leur bien-être, de leur santé physique et psychique : ils peuvent apprendre, s'amuser, prendre le temps, aimer, faire la fête avec insouciance... Situation enviable au regard d'autres époques ou d'autres pays dans le monde. En revanche, l'avenir revête un aspect sombre et inquiétant, d'un point de vue écologique et démographique en particulier, très présent dans le discours des adultes et dans les médias. En 2008, une étude[1] a mesuré la perception que les jeunes de 16-29 ans ont de leur avenir. Elle a montré qu'un quart seulement des jeunes Français voient l'avenir en rose, alors que plus de la moitié des Scandinaves jugent celui-ci prometteur. Seulement 39 % des jeunes Français

1. La Fondation pour l'innovation politique a publié en janvier 2008 l'étude de Raphaël Wintrebert et Anna Stellinger : « Les jeunes face à leur avenir : une enquête internationale ». L'enquête a été réalisée auprès de 20 000 personnes venant de 17 pays d'Europe, d'Asie et des États-Unis. http://www.fondapol.org

pensent que les individus peuvent changer la société, contre 63 % des jeunes Américains et Danois.
Au-delà des difficultés spécifiques liées à chaque époque, le regard que les adultes portent sur elle joue sur la confiance des jeunes dans leur avenir. Votre propre inquiétude de parent est contagieuse, alors que votre confiance en l'avenir les aide à se construire avec plus d'enthousiasme.

Évitez donc de sermonner des formules définitives comme :
- *Avec le bac, tu auras déjà du mal à trouver du travail, alors sans le bac, ce n'est même pas la peine de penser à ton avenir.*
- *Vous les jeunes, vous n'avez plus le sens de l'effort.*
- *Arrête de rêver et regarde la réalité en face !*

Toutes ces affirmations mettent une pression considérable sur les ados. Elle activent la peur et génèrent du découragement chez eux.

Si vous utilisiez plutôt des formulations positives qui rassurent et responsabilisent ?
- *Si tu fais ce qui te tient vraiment à cœur, j'ai confiance que tu vas être à l'aise et réussir ce que tu fais.*
- *Le monde est complexe, c'est incroyable tout ce choix qui s'offre à toi. Cela me donne un peu le vertige, mais j'ai confiance en toi.*
- *Une orientation n'est jamais définitive, ton avenir va se construire pas à pas.*

Attitude-clé

Ce n'est pas en noircissant votre vision de l'avenir que vous motiverez votre adolescent, mais bien en soutenant ce dernier dans sa capacité à se réaliser et à devenir acteur de la société de demain.

38. Montrez-lui que vous avez confiance en son devenir

Face à cet avenir incertain et cette société qui évolue à toute vitesse, les adolescents réagissent de diverses façons lorsqu'il s'agit d'envisager le futur. On trouve des pessimistes, des stressés et des positifs.

Les pessimistes

Certains adolescents nourrissent une vision pessimiste du présent et de l'avenir : « La société est "pourrie", ça ne sert à rien d'essayer, de toutes façons, ça ne marchera pas, les dés sont truqués… »
Cette vision sombre vient souvent en miroir de leur peur d'échouer et les conduit alors à fuir les apprentissages et les contraintes. Ils préfèrent se refugier dans des plaisirs immédiats : ordinateur, télévision, jeux vidéo, tabac, alcool, sexe… Au risque que ces plaisirs deviennent des addictions et renforcent leur vision pessimiste du futur, mais également du présent et d'eux-mêmes.

Attitude-clé

N'essayez pas de convaincre votre ado que le monde va bien. Partagez plutôt avec lui des infos, des vidéos, des sites qui montrent des initiatives concrètes et des perspectives positives sur le monde. Aidez-le à regarder non pas les barreaux de la prison mais l'espace entre les barreaux !

Les stressés

Certains adolescents ont intégré la vision d'un avenir qui s'annonce difficile : « Il faut que je révise encore, j'espère que je vais réussir... »
Ils se disciplinent fortement pour réussir les meilleures études possibles. Résultats : ils sont stressés par la course aux évaluations. Une mauvais note ou un échec sont souvent vécus comme des drames. Ils ont peur d'échouer, se mettent la pression et ne voient pas d'autres possibilités de réussir. Au risque d'y perdre parfois la santé, la joie de vivre et l'insouciance de la jeunesse.

Attitude-clé

Si votre ado est très impliqué dans ses études au point d'être anxieux et stressé, valorisez ses intentions de réussir et sa capacité de travail tout en l'incitant à prendre régulièrement des moments de détente et à relâcher la pression.
Et demandez-vous si, vous-même, vous vous autorisez à relâcher la pression.

Les positifs

D'autres adolescents sont tels des funambules qui tentent de garder l'équilibre et la confiance face à ceux qui les traitent de naïfs ou d'idéalistes.
Ils sont conscients des difficultés auxquelles leur génération est confrontée, sans pour autant en être déprimés. Ils pensent que le monde peut évoluer avec eux et ont à cœur d'imaginer leur place dans la société et leur métier, en accord avec leurs valeurs. Ils aiment apprendre, sont curieux, repèrent leurs intérêts et compétences tout en acceptant de ne pas savoir précisément quels métiers ils auront et comment ils vont contribuer à l'évolution

du monde. Ils se construisent pas à pas, nourris par la vision de ce qu'ils souhaitent devenir et sont à l'écoute des nouvelles opportunités qui s'offrent à eux.

Attitude-clé

Encouragez votre ado à visualiser ce qu'il souhaite devenir, tout en faisant progressivement des choix.

39. Aidez-le à visualiser ses rêves

– *Arrête de rêver. Sois réaliste.*
– *C'est trop risqué. Fais attention !*
– *Si tu ne te mets pas au travail, ça va mal tourner pour toi...*

À force de mettre en garde nos enfants, on leur transmet nos peurs et on participe à leur frilosité et à leurs échecs. La peur de voir son adolescent faire un « mauvais » choix l'incite à fixer son choix alors que la **réalisation de ses rêves est un processus lent où le chemin compte autant que l'objectif.**

Si par exemple votre fille vous dit : « Je voudrais être policière », observez votre propre réaction. Certaines réponses peuvent freiner son processus de visualisation vers l'avenir :

« Il ne manquerait plus que ça ! Mais c'est trop dangereux ! Les études sont trop longues, ce n'est pas un métier pour les femmes, tu peux être affectée n'importe où... »

D'autres réponses enferment trop vite ce qui vient à peine d'éclore et n'en est encore qu'à un balbutiement : « Très bien, comme ça tu auras la sécurité de l'emploi. Comme ton grand-père, il va être ravi. Tu as tout à fait le profil. »

Pensez alors à deux mots « magiques » susceptible de vous aider : « **Pourquoi pas ?** ».

Pourquoi pas devenir policière, puéricultrice, télétransporteuse (un métier qui n'existe pas encore...) ou aventurière ? Votre adolescente est juste en train de partager avec vous sa recherche et non pas de la mettre en œuvre.

Pour voir plus clair dans ses désirs, elle a besoin d'adultes qui l'écoutent avec intérêt.
Tentez d'apaiser votre inquiétude et, si vous n'y arrivez pas, dites-le lui !
« Quand tu évoques ce métier de policière, ça me met mal à l'aise. J'ai besoin de temps pour intégrer cette idée. »

Attitude-clé

Écoutez avec curiosité les rêves de votre ado avant de voir comment cela va se réaliser. Grâce à votre écoute, votre ado clarifie et donne de la valeur à ce qui est important dans sa vie.

40. Soutenez son ambition

Comment accompagner la réalisation de leurs rêves tout en prenant en compte les décalages possibles entre leurs désirs et les capacités physiques et intellectuelles demandées pour les mettre en œuvre ? « Je n'y arriverai pas, je suis nul en sport, Je ne suis pas admis en 1re scientifique. Je suis trop petit, trop grand, je n'ai pas une bonne vue... »
La vision de l'avenir est la direction vers laquelle l'adolescent a envie d'aller, un phare dans la nuit qui lui permet de garder le lien avec ses aspirations profondes, quels que soient les événements de sa vie. Sa vision peut être large : « Je veux être heureuse et faire un métier qui contribue à l'équilibre écologique de la planète ». Ou plus précise : « Je veux créer des jeux vidéo » ou « Je veux être médecin ».

Il est important de distinguer ses aspirations du chemin qu'il va prendre. C'est ce qui lui permettra de relativiser un échec.

Depuis toujours, votre fille veut être pédiatre. Rêve qu'elle n'a jamais vraiment remis en question depuis sa plus tendre enfance. Elle est à l'aise avec les enfants, elle aime soigner et dans le catalogue des métiers répertoriés, c'est la voie qui lui a été proposée. La voici en terminale, son orientation se rapproche et maintenant elle s'aperçoit que le contenu et l'ambiance des études de médecine ne la tentent pas du tout ! Le stress et l'angoisse montent. Va-t-elle faire des études qui ne la tentent pas pour faire ensuite un métier qui peut-être lui conviendra ? Et si elle rate le concours de médecine, que va-t-elle devenir ?

En fait, dans ce cas, « devenir pédiatre » n'est pas une vision mais un moyen de mettre en œuvre sa vision qui est plus large. Il s'agit pour cette ado de s'occuper d'enfants et de prodiguer des soins. Comment l'accompagner dans la mise en œuvre de cette vision ?

- Creuser avec elle, et éventuellement avec l'aide d'un conseiller d'orientation, ce qu'elle veut dire par « s'occuper d'enfants » et par « soigner ».
- Donnez-lui des occasions de voir de plus près le métier de pédiatre et explorer, par les rencontres dans le monde réel et sur Internet, différentes pistes et contextes susceptibles de la motiver.

Attitude-clé

Soutenez son ambition sans réserve tout en l'aidant à envisager d'autres chemins nouveaux susceptibles de répondre à ses aspirations.

41. Que faire si votre ado se braque quand vous lui parlez de son avenir ?

Votre fils est passionné de photo, cinéma et jeux vidéo. Il surfe aisément entre les études, les loisirs et les copains et se révèle même un garçon bien dans ses baskets et facile à vivre. Au lycée, il s'en tire avec des notes honorables sans stress, tout en étant assez critique envers les profs qu'il trouve dans l'ensemble ennuyeux. Il n'hésite pas à aller trouver sur Internet des cours ou des informations qui lui sont utiles. Bref, tout va bien, sauf qu'il ne sait toujours pas ce qu'il fera plus tard et s'énerve dès que vous faites référence au futur. Et cela commence à vous préoccuper !
Que faire ? D'abord, sachez que ce n'est pas parce que votre fils évite la discussion qu'il se moque de son avenir. Il y pense souvent, il en parle avec ses ami(e)s. Il rêve, il angoisse face à tous ces chemins possibles. Cela est seulement pénible pour lui de ne pas pouvoir répondre à cette question que lui posent si fréquemment ses parents, les enseignants et les adultes en général.
En même temps, direz-vous, il a des choix d'orientation à faire, qui vont jouer sur son parcours de vie : filière générale, technologique ou pro ? Bac S, ES ou L ?
Comment ne pas ajouter du stress au stress ? Plusieurs pistes pour rester dans le dialogue :

- Évoquez avec lui ou avec elle ce qui ne l'intéresse pas afin d'éliminer toutes les options inenvisageables. Apparaît alors une liste plus rassurante des pistes qui restent à explorer.
- Certes, des études lui donneront plus de chances de trouver un travail qualifié et intéressant. Mais aujourd'hui, du fait d'Internet, les jeunes passionnés ont de nombreuses

pistes pour apprendre efficacement et avec plaisir et se créer des réseaux avec de nouvelles opportunités d'apprentissage et de travail. Au-delà des études, l'enthousiasme de votre adolescent devient un facteur de plus en plus important dans un monde qui évolue très vite.

Par exemple, dans un contexte différent, le best-seller *Hacking Your Education* invite les jeunes américains à y réfléchir à deux fois avant d'investir 10 000 dollars par an pour étudier dans une université, dans la seule intention d'avoir un diplôme. Certes, l'argument économique face au prix exorbitant des universités américaines est le déclencheur, mais cela a le mérite d'ouvrir le débat sur la pertinence actuelle de la pédagogie à l'université. Certains diplômes continuent d'ouvrir des portes mais à quel prix ? Une concurrence rude qui génère de l'anxiété et de la rivalité, une probabilité d'échec forte, une pédagogie à l'ancienne, des savoirs enseignés parfois déjà dépassés...

Dans les pays anglo-saxons, il est fréquent que les jeunes enchaînent sur une année « off » après le bac (service civique, voyages...). La sécurité d'un chemin balisé est souvent un leurre, au vu du nombre de jeunes qui sortent de l'université sans diplôme.

Si votre ado n'est pas attiré par les études « classiques » et que sa vision de l'avenir reste floue, ne le voyez pas comme un échec mais comme un défi pour lui comme pour vous. Le chemin sera à explorer pas à pas : stages, formations, recherche de financements pour des projets individualisés de jeunes, soutien entre jeunes qui se trouvent dans la même dynamique...

Attitude-clé

Lâchez la pression en acceptant que l'orientation de votre ado puisse se faire par tâtonnements et par erreurs. Ce n'est ni un échec ni un drame.

42. Que faire si votre ado décroche de ses études ?

Votre ado ne s'intéresse plus aux études. Ses notes ont dégringolé. Il s'est dispersé et s'est embarqué dans une spirale d'échec scolaire. Évitez de lui mettre la pression en permanence : « Mets-toi au travail ! Regarde tes notes. C'est catastrophique »... Cela ne ferait que rajouter du stress à une situation déjà tendue. Évitez également de démissionner en le laissant sans réagir.

Cherchez à comprendre avec lui et sans jugement (c'est parfois difficile !) ce qui participe à son décrochage : un manque d'intérêt pour certaines matières ? Une orientation professionnelle inadaptée ? Des difficultés relationnelles avec les copains, avec les profs ? Des problèmes d'organisation, de méthode ?

Puis clarifiez avec lui ce qui pourrait l'aider et vous soutenir vous aussi : aller voir un conseiller d'orientation ? Un psy ? Rencontrer ses enseignants ?

Il s'agit parfois juste d'un passage qui nécessite de l'aider à se reconcentrer sur ses études. Invitez-le à être le plus possible présent et à l'écoute en cours pour se donner plus de chances de comprendre et avoir du temps en dehors de la classe pour faire ce qu'il aime.

Élaborez **un contrat** avec lui susceptible de l'inciter à travailler de façon efficace (par exemple : faire ses devoirs avant le repas, un bilan ensemble tous les dimanches pour organiser sa semaine...). Et présentez-lui aussi les conséquences prévues s'il ne respecte pas le contrat (moins d'écran, moins de sorties...). Il ne s'agit pas de le sanctionner sur son parcours scolaire (car les notes sont déjà une sanction) mais de le soutenir dans les moyens et l'investissement qu'il met en œuvre pour progresser dans ses apprentissages.

Mais parfois, le décrochage peut être plus sévère et révéler un décalage important entre ce dont l'adolescent a besoin et ce que son établissement scolaire peut lui apporter. C'est un passage éprouvant pour vous comme pour lui. Il y a alors un risque que ce décrochage devienne l'unique objet de votre relation et que le fossé se creuse entre vous. Certes, l'école ne lui convient pas, mais sa vie n'est pas « perdue » pour autant. Continuez d'explorer avec lui ses centres d'intérêts, ses compétences et les opportunités d'apprentissage. Privilégiez les moments de partage agréable (loisirs, films, sujets de société...), soyez à l'écoute de sa vision et valorisez ce qui va bien !

Attitude-clé

Ne réduisez pas votre ado à ses résultats scolaires. Gardez confiance dans sa capacité et la vôtre à trouver des chemins de traverse pour se rapprocher de ce qu'il aimerait devenir.

CHAPITRE 7

Éduquer votre ado : une histoire collective

L'adolescence est une affaire individuelle mais aussi une affaire collective. Bien sûr, vous accompagnez votre propre adolescent, et c'est votre préoccupation principale, mais vous êtes également en contact avec d'autres adolescents et particulièrement ses amis pour qui vous êtes un adulte de référence. Un proverbe africain dit « qu'il faut un village entier pour éduquer un enfant ». C'est d'une sagesse profonde de réaliser que nous sommes tous concernés par les adolescents et qu'il est cruel de laisser aux seuls parents la lourde responsabilité de leur bien-être. Dans ce chapitre, nous allons évoquer une dimension plus large de l'adolescence, à savoir l'implication collective que nous pouvons développer pour, ensemble, donner aux jeunes sécurité et confiance en la vie et l'avenir.

43. Test : Vous intéressez-vous aux autres adolescents ?

Certains parents se sentent concernés par l'adolescence uniquement à cause de leur propre enfant qui grandit. Pour d'autres parents, leur intérêt se portera sur leur ado et ses copains. Pour d'autres encore sur toute la génération de jeunes. Qu'en est-il pour vous ?

Votre fille danse et chante avec une amie sur de la musique techno...

A. Vous lui dites : « Tu peux baisser le son, s'il te plaît ? On ne s'entend plus. »

B. « C'est stressant cette musique ! » Et vous mettez un CD de jazz.

C. Vous dansez avec elle.

D. Vous êtes déconcerté par la musique et lui demandez le titre du morceau.

À table, Julien et son copain parlent avec passion du film *Hunger Games*...

A. Vous pensez à autre chose et n'écoutez pas ce qu'ils disent.

B. Vous embrayez dès que possible sur un autre film qui vous a plu.

C. Vous êtes allé le voir également et vous avez adoré.

D. Vous écoutez attentivement et posez des questions pour savoir pourquoi ils l'ont aimé.

Vous récupérez Marina à une fête et vous vous apercevez que quelques-uns des participants sont bien éméchés...

A. Votre fille n'a pas trop bu. C'est déjà ça. Les autres se débrouilleront avec leurs parents.

B. Vous déplorez le fait que les ados boivent de l'alcool de plus en plus jeunes.
C. Vous allez demander si quelqu'un a besoin d'aide.
D. Vous êtes préoccupé par ce que vous avez vu et en reparlez le lendemain avec Marina.

Le collège vous invite à une conférence sur le harcèlement scolaire...
A. Vous n'êtes pas disponible.
B. Cela confirme votre impression de la montée de la violence.
C. Vous êtes délégué des parents d'élèves et déjà bien informé sur le sujet.
D. Vous demandez à votre ado ce qu'il pense et ressent du harcèlement.

Votre fille vous parle d'un de ses amis qui a des idées suicidaires...
A. Vous lui conseillez d'aller en parler à l'infirmière scolaire.
B. Vous vous dites : « C'est fou comme ces ados vont de plus en plus mal ! »
C. Vous invitez son ami à la maison et vous vous rendez disponible pour passer du temps avec ce dernier et votre fille.
D. Vous écoutez attentivement votre fille et cherchez avec elle ce qui pourrait aider son camarade.

Si vous avez une majorité de A

Vous semblez peu intéressé par la culture adolescente. Peut-être êtes-vous intéressé ou préoccupé par plein d'autres sujets. Votre recul par rapport à ce que vit votre adolescent lui laisse de l'espace pour vivre sa vie, être avec ses amis et grandir, mais c'est également important qu'il ressente votre intérêt pour ce qu'il vit. Saisissez de temps à autre l'opportunité d'être présent et ouvert à son monde à lui.

Si vous avez une majorité de B

Vous avez la nostalgie du passé et prenez comme repères votre propre expérience. Certes, votre époque avait ses avantages et ce que vit la jeunesse est souvent déstabilisant pour les adultes. Attention à ne pas idéaliser le passé car vos critiques semblent injustifiées pour votre adolescent et risquent de fermer le dialogue. Pensez aussi à ce qui était difficile à votre époque et ce qui a progressé dans la société. Le monde change... Soyez à l'écoute de ce qui évolue et partagez votre inquiétude et votre point de vue avec votre ado sans les lui imposer.

Si vous avez une majorité de C

Vous êtes bien au fait de la culture adolescente et à l'aise avec l'évolution du monde. Le dialogue est ouvert et votre adolescent se sent libre de partager avec vous ce qu'il vit sans avoir à se cacher. Soyez vigilant cependant à ne pas devenir « parent-copain » et à garder votre place de parent. Vous représentez une autre génération capable de se positionner et de garder la distance nécessaire. C'est ainsi qu'il pourra se différencier de vous et avoir confiance en ses propres ressources.

Si vous avez une majorité de D

Vous êtes curieux de ce que vivent votre adolescent et ses amis. Vous questionnez votre ado et le conseillez si besoin pour qu'il réfléchisse à ce qui se passe dans le monde. Vous restez à votre place de parent. Même si vous êtes à l'écoute de ce qu'il vit, n'hésitez pas si nécessaire à lui poser des règles pour le protéger.

44. Ouvrez-vous à la culture adolescente

En plus de la dimension physiologique qui s'effectue au rythme de chacun évoquée dans le premier chapitre, l'adolescence est également un phénomène social caractérisé par un état d'esprit et une manière d'être partagés par des jeunes du même âge. Cette reconnaissance de l'« adolescence » est assez récente : le terme émerge lors de la Grande Dépression de 1929 lorsque les jeunes ne sont plus les bienvenus dans les usines. Ils sont alors poussés à poursuivre leurs études dans des établissements d'enseignement secondaire et se retrouvent coupés du monde des adultes. S'installe progressivement une culture spécifique de l'adolescence avec sa musique, ses films, sa mode vestimentaire, son langage, ses rituels... Dès les années 60, les adolescents deviennent un « groupe social » à part entière dans la culture occidentale.

Ainsi, au-delà de son cheminement personnel, l'adolescent est également nourri par son environnement familial, culturel et technologique. Dans une société où les jeunes ont la possibilité de poursuivre des études longues et où le chômage rend plus difficile l'accès au logement et à l'autonomie financière, l'adolescence se prolonge bien au delà de la puberté. Le décalage entre la capacité du jeune à faire ses propres choix (études, amis, sexualité) et sa dépendance financière envers ses parents apporte son lot de tensions et participe à ce qu'on appelle la « crise de l'adolescence »...

Le comportement de votre adolescent s'inscrit donc dans une dimension plus large que le contexte familial et vous pousse à vous intéresser plus globalement à la culture adolescente et au contexte économique et social qui les entourent et les influencent. Cela permet ainsi des échanges plus généraux, au-delà des tensions spécifiques au sein de la famille.

Attitude-clé

Élargissez votre regard et soyez curieux des préférences de votre adolescent en termes de livres, films, musiques, vidéos... Ouvrez-vous non seulement à votre ado, mais aussi au monde dans lequel il évolue.

45. Utilisez les leviers du changement

On réduit souvent sa compréhension d'une situation à une seule dimension : que faire quand mon ado agit ainsi ? Or, on peut élargir son regard pour appréhender une situation avec différentes perspectives et se donner ainsi plus de chances de trouver un levier d'évolution vraiment efficace.

Toute situation problématique peut être analysée au prisme d'une grille de lecture, comme celle des quatre quadrants, élaborée par un américain, Ken Wilber, auteur de la Vision Intégrale[1].

Cette grille de lecture vous permet de regarder la situation au travers de deux axes :

- L'axe individuel (Je) et collectif (Nous).
- L'axe intérieur (le ressenti) et extérieur (ce qui est observé, le comportement).

Cette vision nous donne quatre perspectives :

- La perspective individuelle intérieure : qu'est-ce que je ressens dans cette situation ?
- La perspective individuelle extérieure : qu'est-ce que je fais dans cette situation ?
- La perspective collective intérieure : quelle est la culture dans laquelle se passe cette situation ?

---

1. La Vision Intégrale, développée par Ken Wilber est un modèle qui permet d'appréhender la complexité du monde actuel. Elle encourage à sortir de l'opposition (c'est bien ou mal, c'est vrai ou faux...) pour mettre en lien différentes visions du monde et intégrer des paradoxes (par exemple : la maladie est un problème *et* une occasion d'évoluer, l'adolescence est éprouvante *et* passionnante...).

– La perspective collective extérieure : quelles lois et organisations (associations, infrastructures...) régissent cette situation ?

Prenons un exemple : votre fils fume régulièrement de l'herbe et se désintéresse de plus en plus de ses études. En fonction de cette situation, voyons comment appliquer la grille de lecture.

	Intérieur	Extérieur
Individuel	Je ressens de l'inquiétude et de l'impuissance.	Je regarde sur Internet les risques qui guettent mon ado et je décide de prendre contact avec une association de parents.
Collectif	25 % des jeunes de 16 ans disent avoir fumé de l'herbe dans le dernier mois.	Le cannabis est interdit par la loi. Des associations proposent du soutien aux ados et aux parents concernés.

Au regard de cette grille, vous avez quatre leviers susceptibles de faire évoluer la situation :

– **Individuel/intérieur.**
  Transformer vos ressentis d'inquiétude et d'impuissance (faire de la relaxation, consulter un psy, participer à un groupe de parole...).
– **Individuel/extérieur.**
  Agir autrement (parler à votre adolescent, l'accompagner, le changer d'établissement scolaire...).
– **Collectif/intérieur**.
  Modifier la représentation de votre adolescent sur le cannabis (lui proposer d'intégrer un groupe de parole sur le cannabis pour qu'il en saisisse mieux les enjeux pour lui, ses amis et la société).

– **Collectif/extérieur**.
  Participer à des actions collectives (créer une association, faire évoluer la loi...).

Les leviers de changement collectifs sont certes plus difficiles à mettre en œuvre que les leviers individuels mais ils ont un impact plus important car ils influencent directement l'environnement de l'adolescent.

Attitude-clé

Lorsque vous êtes préoccupé du comportement de votre adolescent, élargissez votre regard sur son environnement : ses amis, son contexte scolaire, la culture de votre époque. Cela vous donnera des pistes pour mieux le comprendre et dénouer certaines situations.

46. Observez comment votre ado est influencé par son environnement

Dans notre culture « individualiste », nous avons tendance à expliquer le comportement des personnes comme le fruit de leur histoire et de leur personnalité : il est en échec scolaire parce que ses parents ont divorcé ; elle est en dépression du fait de sa fragilité émotionnelle ; il est agressif parce que son père est brutal…

Certes, ces facteurs peuvent influencer le comportement d'un adolescent, mais la tribu dans laquelle il évolue tous les jours est au moins aussi importante. Les parents perçoivent bien l'influence que les jeunes ont entre eux lorsqu'ils disent : « Mon ado a de mauvaises fréquentations, du coup, il tourne mal ». Un enfant se construit avec des repères familiaux mais, en grandissant, ses amis ont de plus en plus d'influence sur lui. Ce jeu d'influence peut parfois devenir toxique pour l'adolescent (harcèlement, décrochage, drogues…), toutefois il est le plus souvent bénéfique (soutien, émulation, ouverture, amitié…). La plupart du temps, on a une image négative des personnes « influençables ». Mais ne s'agit-il pas au contraire de se laisser transformer par les rencontres que l'on fait, par la richesse des différences ? D'où l'importance d'être entouré par des personnes qui nous veulent du bien, attentives à nos besoins et qui ne cherchent pas à nous manipuler ou à détruire l'estime que l'on a de nous-même.

De plus en plus, les amis de votre ado vont avoir de l'influence sur lui, en tous les cas plus que vous n'en avez vous-même. Soyez alors attentif aux relations qu'il entretient avec sa génération :

- Valorisez les relations qui lui font du bien, celles où il peut être lui-même, se sentir à son aise et accepté tel qu'il est.
- Écoutez-le quand il est en difficulté relationnelle avec un groupe ou une personne en particulier.

  Prenons l'exemple de Catherine, qui se sent intimidée devant une de ses amies :

  – *Quand Emma rejoint notre bande, je n'ose plus trop m'exprimer, tous les garçons la regardent. Parfois elle se moque même de moi devant eux, je me sens mal à l'aise.*
  – *Qu'est-ce que tu apprécies chez Emma ?*
  – *Elle est drôle, elle m'a fait rencontrer plein de monde, elle est belle, elle est sûre d'elle...*
  – *Et en même temps, tu te sens moins à ton aise avec elle. Peut-être as-tu besoin de prendre de la distance pour développer ton propre cercle d'amis ?*
  – *Oui, je crois qu'à mon anniversaire, je ne vais pas l'inviter, je serai plus à l'aise même si j'ai peur de sa réaction.*
  – *Ce sera peut-être frustrant pour elle, mais si tu es toi-même et vraie, cela l'aidera à faire plus attention à toi.*
- Si son environnement amical vous semble *vraiment* toxique (école, quartier, bandes...), il vous faudra envisager sérieusement d'autres solutions : une nouvelle école, un déménagement, le départ en pension...

Attitude-clé

Observez votre adolescent au sein de sa tribu. Voyez quelle place il y a prise, l'influence que ses amis ont sur lui...
Et, en cas de réelle difficulté, recherchez la façon dont vous pouvez modifier son environnement pour le maintenir en sécurité.

47. Observez comment votre ado influence son environnement

Votre adolescent a aussi le pouvoir d'influencer ses amis et cela, sans même parfois qu'il s'en rende compte. Certains sont leaders de façon très naturelle, quand d'autres influencent de façon plus subtile. Plus il sera conscient de son pouvoir d'influence sur les autres, plus il pourra le faire de façon ouverte et confiante.

Un groupe d'élèves de troisième s'amusent à bousculer un enfant plus jeune et se moquent de lui en l'appelant « Bouboule ». Il se met à pleurer. Les rires fusent. Juliette fait partie de ce groupe avec qui elle s'entend bien, même si parfois, elle n'apprécie pas trop l'humour de ses camarades. Ce jour-là, d'abord elle se tait, mais de plus en plus mal à l'aise, elle ose s'exprimer : « Laissez-le tranquille, c'est pas cool de s'en prendre à lui, il est seul et il est plus jeune. Moi, en tout cas, je m'en vais. » Certains la suivent, d'autres hésitent, quand d'autres encore se moquent d'elle. Mais le harcèlement envers l'enfant cesse très vite.

Juliette prend le risque d'être rejetée par ses amis, mais son estime d'elle-même augmente car elle agit en accord avec ses valeurs. Peut-être va-t-elle être l'objet de quelques sarcasmes elle aussi, mais si elle n'y porte pas plus attention que cela, son attitude courageuse va en influencer quelques-uns et la dynamique du groupe va évoluer.

Avoir de l'influence sur les autres, c'est se positionner dans un groupe, dans la vie citoyenne, prendre la responsabilité de sa propre vie et contribuer dès à présent à une société qui rejoint ses valeurs.

Pour aider un adolescent à prendre confiance en sa capacité à influencer les autres :

- Donnez-lui en famille des occasions d'influencer les autres, dont vous-même, et faites-le-lui remarquer : « Ta réaction sur la manière dont je m'étais comportée avec ton frère m'a fait changer d'avis. Je t'en remercie. » N'utilisez pas seulement des mots et des arguments, mais également votre écoute, votre regard.
- Lorsque votre ado est touché par les comportements des autres et qu'il se sent impuissant, explorez avec lui comment il pourrait influencer son entourage.
  - *Au lycée, un de mes profs humilie toujours les élèves qui travaillent mal. J'ai un nœud dans le ventre pendant tout le cours, et je ne sais pas quoi faire...*
  - *En as-tu parlé à d'autres élèves ?*
  - *Oui, certains pensent comme moi qu'on ne peut rien faire et d'autres affirment que ce n'est pas si grave et que cela ne les regarde pas.*
  - *Peut-être pourriez-vous en parler au CPE avec les délégués ?*
  - *Oui, je crois que les délégués seraient d'accord pour en discuter.*
- Aidez-le à garder confiance même lorsque son influence rencontre des obstacles.
  - *Tu n'as pas réussi à ce que le professeur change d'attitude mais tu as exprimé ce que tu pensais et maintenant le CPE est au courant. Ce sont des changements qui peuvent prendre du temps !*

Attitude-clé

Valorisez son courage à être « authentique » et à prendre le risque d'exprimer ses valeurs pour que la société évolue.

48. Accompagnez la tribu de votre ado

Lorsque le dialogue coince entre des parents et leur ado, d'autres adultes peuvent être d'un bon soutien. Des repas partagés, des moments de vacances peuvent vous permettre de vous rendre disponibles à d'autres adolescents qui se posent des questions ou rencontrent des difficultés. Sans être inquisiteurs, soyez simplement curieux de leur vision du monde, de leurs goûts, de leurs passions. Vous comprendrez mieux ainsi ce qu'ils partagent avec d'autres jeunes et ce qui est spécifique à votre adolescent. La présence de ses amis peut également faciliter le dialogue et vous permettre de le découvrir sous un autre jour.
Et réjouissez-vous si votre fils ou votre fille a d'autres références d'adultes, dans d'autres familles, pour se construire. Cela lui donne plus de points d'appui pour se faire son propre avis, comme cela vous demande d'accepter qu'il reçoive d'autres influences. De fait, nous sommes dans une société beaucoup plus ouverte et multiple. Il ou elle va au fur et à mesure prendre de la distance avec vos valeurs et votre positionnement, mais en ayant moins besoin de s'opposer pour se faire son propre avis.

Attitude-clé

Tous les ados ont besoin de plusieurs adultes bienveillants dans leur entourage. N'hésitez pas à les accueillir, les écouter, les consoler, les encourager. Cela leur fera du bien, tout comme à leurs parents et à votre propre ado !

49. Ouvrez votre cercle familial

On a tendance à croire que les relations familiales sont du domaine du privé comme le rappelle le proverbe : « On lave son linge sale en famille... ». Aussi, lorsque la relation est très tendue avec son adolescent, on peut se sentir en échec, parfois coupable, voire honteux, et il est difficile de demander de l'aide. Qu'ai-je fait de mal ? Qu'aurais-je dû faire que je n'ai pas fait ? On se plaint, on rumine, en s'enfermant dans un cercle vicieux : on se blesse de plus en plus et le sentiment d'isolement augmente. Certes, au cœur de la tempête, il est difficile d'imaginer que le soleil va briller à nouveau et que la paix va revenir. Mais cette tempête peut aussi être vue comme un passage qui cherche à nous transformer.

Si vous avez la sensation d'être impuissant, démuni et que les comportements qui fonctionnaient jusqu'à présent ne sont plus efficaces, c'est sans doute le signe d'un nouveau cycle qui s'annonce, une occasion à saisir pour oser sortir du connu.

- Soyez attentif aux personnes auxquelles vous parlez de vos difficultés et de quelle manière : est-ce juste pour vous plaindre du comportement de votre adolescent et lui faire endosser toute la responsabilité de votre mal-être ? Ou est-ce pour mieux comprendre comment votre regard et votre attitude peuvent se transformer ?
- Recherchez du soutien auprès de personnes compétentes qui vous apporteront l'empathie dont vous avez besoin pour traverser cette période, sans vous rabaisser, ni déstabiliser votre adolescent.
- Créer du lien avec les personnes de votre entourage qui vous font du bien et à qui vous pouvez faire du bien.

En acceptant de retraverser, grâce à votre adolescent, des pans de votre histoire, de vous reconnecter à vos peurs, de prendre soin de vous et de guérir vos blessures, vous retrouverez progressivement une profonde sécurité intérieure.

Attitude-clé

Les adolescents ont besoin d'être au contact d'adultes qui se laissent toucher par leurs « turbulences » tout en restant présents et bienveillants envers eux. C'est le plus beau cadeau que vous puissiez leur offrir !

CONCLUSION

50. Quand s'arrête l'adolescence ?

À l'image du film *Tanguy*, vous pouvez avoir l'impression que votre adolescent rechigne à prendre son envol. Ou à l'inverse vous pouvez craindre qu'il ne quitte le nid trop tôt. Les circonstances de la vie font que certains s'attardent, tandis que d'autres foncent ou font des allers-retours entre le foyer sécurisant de leurs parents et le vaste monde. Soyez à l'écoute de votre propre ressenti : avez-vous peur qu'il parte ou plutôt qu'il reste ? Tentez d'accompagner son déploiement, sans le forcer ni le freiner. Ouvrez les bras et encouragez autant que possible ses pas vers l'autonomie. Soyez prêt à le soutenir dans les moments de doute ou de galère. Vous restez encore son port d'attache, l'endroit où il peut venir se poser et se détendre pour reprendre des forces.

Ayez confiance que, quelles que soit les épreuves qui seront sur sa route, vous aurez fait de votre mieux pour le guider... « Il n'y a pas de parents parfaits »[1]. Chaque génération et chaque être humain tentent de guérir des blessures inhérentes à toute vie humaine, et de faire évoluer le monde vers plus de sérénité, de sens et de bonheur.

1. Comme le suggère le titre de l'ouvrage d'Isabelle Filliozat paru chez Marabout en 2013.

Attitude-clé

Émerveillez-vous de le voir devenir adulte. Son départ n'est pas la triste fin d'une histoire d'amour mais, à l'inverse, le fruit de ces années de bienveillance que vous lui avez apportées et qui lui permettent de trouver le courage et l'enthousiasme de continuer le chemin que vous avez commencé.

Bibliographie

Il n'y a pas de parents parfaits, Isabelle Filliozat, éditions Marabout, 2013.
N'ayez pas peur d'éduquer vos ados, Véronique Moraldi et Michèle Gaubert, Les Éditions de l'Homme, 2010.
À quoi sert l'autorité ? S'affirmer, respecter, coopérer. Véronique Guérin, éditions Chronique Sociale, 2013.
Le livre de la Vision Intégrale, Ken Wilber, éditions Dunod, 2008.
Rêver, fantasmer, virtualiser. Du virtuel psychique au virtuel numérique, Serge Tisseron, éditions Dunod, 2012.
Qui a peur des jeux vidéo ? Serge Tisseron et Isabelle Gravillon, Paris, éditions Albin Michel, 2008.
L'intimité surexposée, Serge Tisseron, éditions Hachette, 2002.

Adresses utiles

- Les maisons des adolescents :
http://www.sante.gouv.fr/maisons-des-adolescents.html
Ces lieux permettent aux ados de bénéficier rapidement d'une écoute spécialisée, à proximité de chez eux, et de les orienter éventuellement vers des prises en charge plus spécifiques.
- Parents d'ados et sexualité :
http://www.educationsexuelle.com
Des vidéos d'éducation affective, sensuelle et sexuelle, qui offrent une alternative humanisante et rassurante face au monopole de la pornographie.
- Groupes de parole pour parents d'adolescents :
http://www.ecoledesparents.org/
Une permanence téléphonique, des consultations individuelles et gratuites et des groupes de parole de parents d'adolescents. Des antennes dans de nombreuses villes en France.
- Un site belge très pertinent sur les questions liées à l'adolescence : http://yapaka.be/thematique/adolescence
- Enfin, la page écrite par Caroline Braun, coach professionnelle, qui relate « 14 choses importantes à dire à vos ados avant leurs 18 ans », consultable à cette adresse :
http://www.mesacosan.com/coaching-familial14-choses-importantes-a-dire-a-vos-ados-avant-leur-18-ans-a2938.html

Remerciements

Je remercie tout d'abord mes enfants Thibault, 21 ans et Héloïse, 17 ans.
Ils m'ont fait part de ce qu'ils avaient apprécié dans leur éducation, de ce qui les avait aidés à grandir mais aussi de ce qui avait été difficile pour eux. En revisitant ces moments, nous avons pu clarifier ce que chacun avait ressenti, dénouer des tensions et explorer des pistes nouvelles qui apparaissent dans cet ouvrage.
Thibault a stimulé ma réflexion par ses relectures, encouragements, interrogations et critiques. Héloïse a régulièrement partagé ses réflexions avec moi sur ce qu'elle vivait et ce que vivaient ses ami(e)s dans leurs familles, et m'a ainsi ouverte à une dimension plus collective et actuelle de l'adolescence. Merci pour leur amour, leur humour, leur joie de vivre et leur soutien.
Je remercie tous les professionnels de l'éducation qui m'ont conviée à échanger avec eux sur le thème de l'adolescence. Leurs questions et témoignages ont inspiré ma réflexion et nourri cet ouvrage.
Enfin, je remercie du fond du cœur Juliette Collonge, directrice de collection, qui m'a sollicitée pour écrire cet ouvrage et m'a accompagnée avec bienveillance dans les moments de créativité comme dans les moments de doute. Ses conseils, propositions, encouragements m'ont permis de me dépasser. C'est grâce à elle que ce livre voit le jour.

Collection Bien-être en poche

Savoir dire non à ses enfants : 50 clés pour une autorité bienveillante, Élisabeth Maheu

Se soigner avec les huiles essentielles : 101 maux de A à Z soulagés par l'aromathérapie, Françoise Couic-Marinier

Arrêter définitivement de fumer : 50 conseils pour atteindre ses objectifs, Monique Osman

Direction : Jean-Louis Hocq
Direction éditoriale : Corinne Cesano
Direction de collection : Juliette Collonge
Édition : Diane Monserat
Conception graphique de la couverture : Stéphanie Brepson
Mise en pages : Nord Compo
Fabrication : Céline Premel-Cabic

ISBN : 978-2-263-07262-8
Code éditeur : S07262
Dépôt légal : février 2016
Imprimé en Espagne par Liberdúplex

Suivez-nous sur
www.solar.fr
et sur Facebook, page Harmonie Solar

Solar | un département **place des éditeurs**

place
des
éditeurs